はじめての 男の自宅筋トレ マニュアル

ゆるんだ体型を
こっそり引き締める
ための本

【スポーツクラブ ルネサンス】
パーソナルトレーナー
セクシーフィットネス・ユウジ 著

ソシム

40才でも50才でも関係ない。筋トレはあなたの体を確実に変えてくれます。

はじめに

　誰でも歳を重ねてくると、お腹を始めとした体脂肪が気になり始めます。そして「筋トレでもやった方がいいのか？」と考えると同時に頭をよぎるのが、「俺みたいな中年でも今さら体を変えられるの？」という不安。更には「ハードなトレーニングは無理」「今さらジムへ通うのも…」といった弱気や、「でも、この年代にしては腹も出てない方だよな」みたいな言い訳が次から次へと出てきて、結局は何もしないまま。

　本書は、そんな中年男性に贈る「自宅で無理なく行える、少しだけユルめの筋トレ」を推奨するための一冊です。

　とはいえ、トレーニングの正しい動きを文字の説明と写真だけで理解するのはどうしても無理がある。そこで本書は、私のYouTubeチャンネル『sexy fitness』（2021年3月現在の登録者数14万人）と連動する形にしています。本の説明文やイラスト、写真を見た上で、ＱＲコードからYouTube動画も観る。この流れなら、トレーニングの動作一つ一つを簡単に正しくマスターすることができることでしょう。

　私はスポーツジムで30年、パーソナルトレーナーとして20年以上筋トレの指導をしてきました。その私ももう50歳。皆さんと同様、いかにケガをしないでカッコいい体を目指せるのかを追求し指導しています。

　正直、20代〜30代前半くらいまでと、中年と呼ばれる年齢以降では、体力もメンタルも全く違います。だから、本書の根本にあるのは「中年が無理をせず、ケガをしないで効果を出す！」という方針です。

　筋トレのやり方は、決して一つだけではありません。若い人と同じでなくていいんです。その年代に合ったやり方で、自分のペースでやればＯＫ。まずは自宅でこっそりと、やれることだけから始めればいい。やらないよりは、１セットだけでもやった方が絶対にいい。できる分だけを、ケガをしない程度にやる。本書が推奨するのは、そんなスタンスです。

もちろん、決して「いい加減なおふざけ本」ではありません。運動フォーム
は細かい点にまでこだわっています。食事に関しても、一般の人が実生活の中
で実践しやすいようにアレンジしてまとめています。

　まだやったことがない人に始めてもらう！

　今まで続かなかった人にも続けてもらう！

　それが、トレーナーとしての使命、本書の使命だと思っています。

　ここが始まりでも、決して遅くはありません。

　「今始める」ことが「人生で最も早い時」

　ぜひ本書をきっかけにして、できることを一つだけ始めてみましょう。

2021年3月　著者

本書を読む際の注意事項

◎YouTube動画について

　本書の大半の項目は、YouTubeチャンネル『sexyfitness』の動画と連動し
ています（該当項目にはQRコードあり）。単なる「エクササイズの動きを確
認するための動画」ではありません。

・初心者でも効かせるにはどうすればいいのか？

・なぜ、その筋肉をつけたほうがカッコよくなるのか？

・見た目だけでなく、疲れない体になるためにどうすればいいのか？

・ケガをしないためのポイント

　など、一つのエクササイズを多方面から理解できるものになっています。

◎「スクワット」について

　本書では、自宅筋トレの王道とも言うべき「スクワット」を紹介していませ
ん。その代わりに「バックランジ」を紹介しています。両足運動のスクワット
に比べて片足で体重を支えるため負荷が高いバックランジは、バーベルなどが
ない自宅でのトレーニングにはより適している（足を鍛えてエネルギーを消費
する効果が高い）というのが、その理由です。

こんな時、己の"ゆるんだ体型"がたまらなく恥ずかしい！

　太ってはいない。服を着ていれば普通体型に見える。でも、腹とか胴回りとかはシュッとしてない。筋肉が付いてない。ゆるいシルエット。鍛えていない中年男の多くがこんな体型ですが、普通に生活をしていれば特に害はありません。でも考えてみてほしい。世の中には確実に「鍛えた肉体」の輩が存在します。であれば、比較評価される場面が必ず訪れる。そこで初めて、己の"ゆるんだ体型"が恥ずかしくなる。エクササイズとは無縁の自分に、後悔することになるでしょう。

健康診断の胴囲測定

若くて綺麗なコに 測らせるなよ…

91センチ ですね

身長180あんだから 胴囲91は普通だろ

タルタルだと 思われてんだろうなー

　身長180以上で胴囲85以上は普通だろ？的な疑問はさてお き、胴囲測定は自身の緩んだお腹周りが明るみに出る格好の 場。とはいえ、胴囲の数値そのものは大した問題ではありま せん。「お腹周りのたるんだ質感」という現実を、自分の部 屋とは異なる照明下で目の当たりにしたとき初めて、猛烈に 恥ずかしくなる。そんな経験はありませんか？

息子の友だち家族と海

　息子（娘）のお友達家族と合同で海へ行く。ありがちなイベントです。そこには、お友達のお父さんがいるかもしれない。貴方とは異なり、鍛え抜かれた肉体かもしれない。そして、貴方の子供と妻、お友達とそのお母さんの、8つの眼が比較のジャッジを行うかもしれない。優劣が歴然であることは、言うまでもありません。たまらなく悔しいですよね？

はじめてのスポーツジム

　本来、ジムは「ゆるんだ体型を引き締めるための場」であるはずなのに、「ゆるんだ体型」の自分が行ってみたら、周りに「ゆるんだ体型」の人がほとんどいないという不思議。ややこしくて恐縮ですが、要は「ゆるんだ体型の自分を恥じる場面に遭遇するリスクが少なからずあるという覚悟はしておけ」という話です。

接待をともなう飲食店

接待をともなう飲食店での、キャストによる自然体なスキンシップ。お腹、脇腹、二の腕、そして笑顔で「けっこうお肉ついてますね」「おいくつなんですか？」なセリフ。悪気も他意もないだけに軽く受け流すしかありませんが、実は男のプライドが木っ端微塵です。体を鍛えよう、と決意するには十分なきっかけだと思います。

CONTENTS

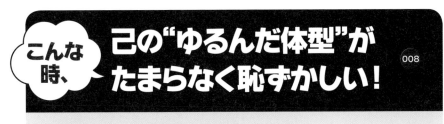

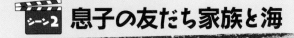
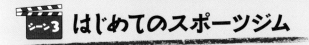

第2章 男らしい胸板と腕を作る！

肩、背中、お尻で見た目の印象は変わる！

第4章 こうすれば筋トレ効果は加速する!

全ての動作で負荷を感じるように!

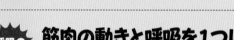

自宅筋トレで

シユツとした体

になりたい

❶ 中年特有の「緩い体型」を引き締める ことはできるのか？

URL：https://youtu.be/zV8US-JxbP8

腹筋はガチガチに割らなくていい。 それが目指すべき体

　お腹の体脂肪がないことは若さや健康的な体の象徴であり、くっきりと割れた腹筋はその究極形。だからこそ、大半の（中年）男性が「ガチガチに腹筋を割りたい！」と思っています。でも、ここで少し冷静になって考えてみてください。20歳と50歳では当然、体脂肪のつき方が違います。年をとれば、ホルモン分泌の衰えによりお腹周りの体脂肪がつきやすくなる。自然の流れです。

　体脂肪には部分痩せはなく、全体が同時に落ちます。そうすると、中年はたっぷりついたお腹の体脂肪を腹筋が割れるまで落とすと、それに比べ体脂肪が少なかった上半身は筋トレ効果を消すかのように筋肉分解も起きて、**筋肉自体が細くなりギスギスになってしまう**のです。これは正直、かなりカッコ悪い。

　だから、中年男性は「ガチガチに割れた腹筋」を目指すべきではないのです。割れてるような割れてないような、でもベルトの上に乗っかるものはない。そんなお腹にすれば、上半身の胸、肩、腕のボリュームは維持でき、必然的にTシャツ姿も映えるでしょう。**体脂肪率で言えば、「筋肉がある程度はついている体」という前提で13～14%くらい。**それくらいが中年男性にとっての目安であり、本書がまず目指して欲しいと考えている体です。

② ギンギンのモチベーションはいらない

URL : https://youtu.be/-XZpqBMkIm8

とりあえず1セットだけ。それで全てが変わる！

筋トレにおける失敗でありがちなのが、最初からパーフェクトにやろうと気負ってしまうこと。例えば、始める前に「今日はアレとアレとアレと、それぞれ3セットずつ全部で40分やる」などと考える。

素晴らしいスタンスですが、これが間違いなのです。やる前からあまり気負いすぎると「だめムリ。今日はやめよう」になってしまいます。それでは元も子もありません。

★   ★   ★

筋トレで効果を出すには、方法論やテクニック以前に「やるか、やらないか」、それ以上に **「やらないより、1セットでもやること」の方が大切**だと考えてください。仕事で疲れていても「まあ、とりあえず1セットだけやるか。半分でもできればいいか！」と割り切ってやる。まずは軽めの1セットでもいい。すると不思議なことに、「もう1セットだけやってみようか」と自然に思っている自分がいます。

★   ★   ★

2セット目が終わる頃には体中の血行が良くなり、気分も上がってくる。すると、気持ちはますます前向きになり3セット目へ。すでに体は熱くなり、ホルモン分泌が活発になってきます。こうなればもう止まりません。**「とりあえず1セット」がエスカレーターのように、自動的に次へと導いてくれます。**

だから「何も考えずに、まずは1セット」、これが継続と成功の秘訣です。

序章 自宅筋トレでシュッとした体になりたい

第1章 まずはお腹をサイズダウン！

第2章 男らしい胸板と腕を作る！

第3章 肩、背中、お尻で見た目の印象は変わる！

第4章 こうすれば筋トレ効果は加速する！

第5章 筋トレ効果をムダにしない食事法！

③ 筋トレの目的は筋肉をつけること、だけではない

URL：https://youtu.be/8VpH1akvu94

中年にとってのメリットは、計り知れない！

筋トレのミッションは「筋肉をつける」ことだけではありません。むしろ中年になればなるほど、その他のメリットを追求するべきです。

• メリット１：筋力が上がると疲れにくい体に！

中年が怠さや疲れを感じやすいのは、筋力が落ちて体重が増えた体を四六時中「重い」と感じているのも大きな原因です。でも筋力が上がれば体が軽く感じ、日々の疲れが大きく減少します。

• メリット２：体温&血行アップでより健康に！

筋トレで筋肉がパンパンに張るのは、運動後の老廃物である乳酸を除去し、新しいエネルギーと酸素をたくさん送り込むために血管を膨張させているからです。血流が良くなり体が温まれば、病気になりにくくなる。沢山の酸素を隅々まで送り込める体は、疲れが早く回復する。まさに良い事づくめです。

老化の原因は大きく分けるとこの2つ
① 筋力の低下
② 成長ホルモンの分泌低下

成長ホルモンは加齢とともに低下していきます

だからこそ筋トレ 筋トレは成長ホルモンの分泌量も増やす！

黒髪フサフサ
肌がツルツル

④ 忘れちゃいけない、筋トレ前のストレッチ

URL：https://youtu.be/jhRXTODN_54

中年の筋トレはケガの防止が最優先！

　中年はどんなに運動している人でも、10代の頃より体は固くなっていきます。さらに疲れや眠さがある状態では、いっそうケガをしやすくなる。でも運動前に、ここからここまで今から使うんだよと体に教えてあげれば、ケガは防げます。もう1つ、**体の可動域が広くなるの**も、ストレッチの大きなメリット。**緊張状態の筋肉が適度にほぐれて動きやすくなり、筋肉が硬くなるのを防いでくれる**のです。

　例えば、腰のストレッチ。仰向けに寝て、片方の足を曲げて体をひねります。そして、息を完全に吐いて腰を絞るように。左右交互に、30秒2回ずつです。

　肩のストレッチは、仰向けになり腕を耳の横で完全に伸ばします。脇を伸ばしながら腕が床につくのを目標に、肩が柔らかくなるように60秒キープしてください。

やるべきストレッチはまだまだある！

腰・股関節
かかとの間を30cm空けて顔を上げて30秒しゃがむ。立ち上がって前屈30秒。交互に2セット。

腰の反り
腕を肩の真下で突っ張り、頭を上げて腰は脱力。座り過ぎの腰を自然な反りに戻す。30秒を2セット。

腰・もも裏
片足開脚で反対の腕を伸ばして腰ともも裏を伸ばす。左右交互に30秒2セットずつ。

序章　自宅筋トレでシュッとした体になりたい

第1章　まずはお腹をサイズダウン！

第2章　男らしい胸板と腕を作る！

第3章　肩、背中、お尻で見た目の印象は変わる！

第4章　こうすれば筋トレ効果は加速する

第5章　筋トレ効果をムダにしない食事法！

❺ 自宅筋トレの幅を広げてくれるアイテムとは

なくても7割のエクササイズはできる。でも…

本書で紹介するエクササイズ、そして栄養摂取のため、事前に用意していただきたいものがいくつかあります。なくても7割のエクササイズはできる、でもあった方が格段に"幅"が広がる、そんなアイテムです。

・ダンベル

ダンベルは腕トレに使う軽めの5〜7kg、胸・背中・脚トレに使う8〜10kgの2セットがあると便利です。

・ベンチ

自宅筋トレ程度なら十分な耐久性のものが、5000円前後から買えます。普通のイスでも代用できますが、折りたたみ式のものが1つあると便利です。

・プロテイン

様々なブランドの様々な商品が存在して迷いますが、まずは「ホエイプロテイン」を選びましょう。タンパク質含有率が70％程度、1kg5000円以下の商品で十分。あとは、好きな味のものを選べばOKです。

ダンベル可変式 ¥4,050　¥4,050

フラットベンチ ¥4,980

Amazonを見ればわかるけどそんな高価ではありません。

ネットショップ

お店 SPORTS

ホエイプロテイン PROTEIN WHEY

折りたたみ式のベンチ

可変式ダンベル

自宅筋トレの幅を広げるための投資は検討する価値あり！

まずは
お腹を
サイズダウン！

脚の運動で
お腹の体脂肪が減る

URL：https://youtu.be/GlQ5sxgFvMk

お腹の贅肉を落とすのは腹筋運動ではなかった！

たった畳一枚のスペース、道具なしで脇腹もスッキリ

バックランジは足を交互に後ろに引く下半身の運動だが、莫大なエネルギーを消費するのでお腹の体脂肪も減っていく！

腹筋運動ではお腹の体脂肪は減らない

バックランジはお腹の体脂肪をも減らす！

頻度は？
1週目　：20回 1セット × 1日おき
2週目から：20回 3セット × 週3日

効果は？
4週目を終えた頃には変化が見えるはず

1ヶ月後には…

脂肪が減り、この状態の前段階（スッとしてるが割れてはいない）くらいにはなる！

脚の運動でお腹の体脂肪を減らすことができる!?

　このことを知らない人が、まだ意外と多くいるようです。体脂肪には、部分痩せはありません。どの部分の筋肉を使っても、1日にどれだけのエネルギーを使ったかによって左右され、全身の体脂肪を同時に使っていくのです。

　バックランジでは、お腹・腰から下の筋肉を全て使っているので、エネルギー消費が莫大なものになり、1日の摂取量・消費量の差し引きで体脂肪は落ちていきます。その中でも、最も多くの体脂肪が存在する【お腹】こそが、最も多く減っていきます。だから、「脚の運動」→「お腹の贅肉を落とす」となるのです。

　お腹の体脂肪を直撃するこのエクササイズ、やらない手はありません。

ちょっとした違いが代謝を左右する

上半身は倒れちゃダメ

上半身を倒して上下すると「勢い」がついてしまい、「ラク」になり、消費が少なくなってしまう。

上半身が倒れるのはお腹に力が入っていない証拠

呼吸もうまくできない状態なので脚に力が入りにくい

その分、消費もまた減る…

後ろに体重をかけすぎ

不安定になり、運動中グラグラする

ワナ
ワナ

使うべきは前の脚！

後ろに体重をかけると後ろのつま先が痛くなる

重心は「前7：後3」で運動後も燃焼させる！

　前の足のかかとを踏みながら、**体重のかけ方を「前足7：後足3」**とすれば、隙間なく脚の筋肉を付けることができます（その際、前の足はキツく感じる）。隙間がなければ運動中の消費は多くなり、またキツい感覚があると、運動後の回復にもより多くのエネルギーが必要となります。

　つまり、**運動中だけでなく、運動後も消費が続くこと**が、お腹の体脂肪を減らすカギとなるのです。

☑ 全てに垂直、直角を意識すべし

　下半身の筋肉を隙間なく、大きな消費のために動かすには、体の全てを垂直に維持し、直角になるように動くこと。そうすれば運動後の代謝も上がり、お腹の体脂肪を減らすことに早い段階で成功する。

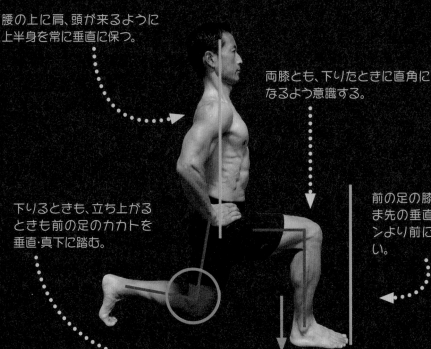

腰の上に肩、頭が来るように
上半身を常に垂直に保つ。

両膝とも、下りたときに直角に
なるよう意識する。

下りるときも、立ち上がる
ときも前の足のカカトを
垂直・真下に踏む。

前の足の膝はつ
ま先の垂直ライ
ンより前に出な
い。

筋トレでも体脂肪は減る

一般的に、20分以上の有酸素運動は体脂肪をエネルギーとして使い、無酸素運動の筋トレは体内の糖質（炭水化物からなるもの）だけを使うので、筋トレでは体脂肪は燃えないと言われてきました。しかし、有酸素運動が体脂肪を使うのは運動中でのこと。筋トレは有酸素運動より1セットの時間は短く、重いのでキツいですが、その分ダメージが大きく、運動後の筋肉の回復に長時間大きなエネルギーを必要とします。

バックランジは大きな筋肉をたくさん使う運動で強度が高く、「運動後」も数時間に渡って多くのエネルギーを消費していきます。1日を通して多くのエネルギーを消費すれば、体脂肪は落ちてくるのが当たり前。そして、体脂肪の落ちが最もわかるのが、一番多く溜め込んでいるお腹の贅肉なのです。

バックランジ、やるしかない！　その結果に驚くはず！

膝上げバックランジでさらに消費量UP

URL：https://youtu.be/36mVHTjZMGw

強度を上げてお腹の体脂肪をさらに減らす！

バックランジを進化させたトレーニング！

腹筋の引き締めだけでなく、ヒップアップ・バランス感覚の強化も！

手は腰に据え片足を下げる→上げる、の繰り返し

バックランジに膝を上げる動きを加える

頻度は？
片方10〜15回ずつで左右3セット、週2回

効果は？
4週間でお腹の引き締まりが現れる

おっ！

摘める贅肉が明らかに減ってる

バックランジの兄弟だからお腹の体脂肪もバンバン燃焼

　1つの運動（バックランジ）ばかりをずっとやっていても飽きてしまうので、ぜひバック＆ニーにもチャレンジしてください。動きが大きいので、より大きなカロリー消費でお腹の体脂肪をもっと減らしてくれます。**腹を引き締め、脚を引き締め、ヒップアップしながらエネルギーも大量に消費。**更に、片足でバランスを取れる体にもなる。つまり、色んな意味合いを持ったトレーニングです。

　片足だけを10〜15回連続、すぐに反対の足で10〜15回、そしてまた反対を10〜15回と、左右それぞれ3セットをノンストップで行います。止まらないことで、燃焼効果が格上げされるのです！

膝を上げた際に グラついてしまうのは問題外

序章 自宅筋トレでシュッとした体になりたい

第1章 まずはお腹をサイズダウン！

第2章 男らしい胸板と腕を作る！

第3章 肩、背中、お尻で見た目の印象は変わる！

第4章 こうすれば筋トレ効果は加速する！

第5章 筋トレ効果をムダにしない食事法！

軸足が曲がってはダメ

主役は軸足 軸足で力強く立とう

手は腰に据え片足を下げる→上げる、の繰り返し

注意！ 膝を上げることに気を取られると軸足が曲がってしまう

膝を上げることに意識を捕らわれすぎてはダメ

注意 上げた膝が中に入っていると、グラグラと不安定になる

グラグラ

膝は股関節の真正面のラインで上げる＆軽めに上げる

そうすればグラつかない！

片足が弱い場合がある→ 弱いままにしておいてはダメ！

　片足ずつ行う運動なので、片方の足だけグラつきやすかったり、キツく感じたりすることがありますが、弱い方があるならまずはそれを知ることが重要です。弱い方はより丁寧に行い、弱い方から始めて1セット多くしても良いでしょう。

　片方が弱いままでいると、普通に歩いているときにも弱い方をあまり使わなくなります。すると更に弱くなり、**将来的に故障が起きる可能性もある。** 30年後の自分のためにも、ぜひ修正しておいてください。

☑ 膝同士を相反する方向へ引き離す!

　軸足と膝上げは別々に考えないで、1つの動きとして捉えること。軸足の膝と上げる膝を互いに相反する力を感じながら上下に引き離す。この感覚で立ち上がると、軸足はまっすぐ強く地面を押し、上げる膝も股関節が屈曲して高く上がる。

①まっすぐ立った状態からバックランジと同じように
　後ろに脚を下げる。

②お尻の筋肉を使いな
　がら前の足のかかと
　を踏んで立ち上がり、
　後ろにあった脚の膝
　を上げる。

その際、
軸足をまっすぐ、
膝は高く!

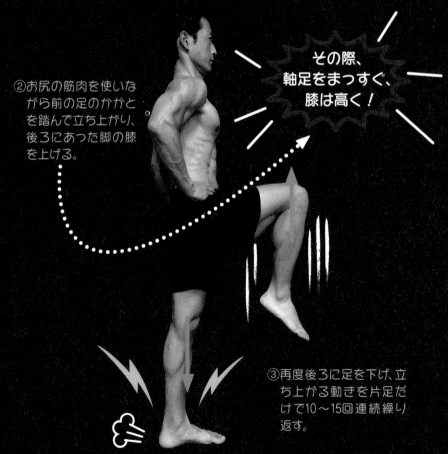

③再度後ろに足を下げ、立
　ち上がる動きを片足だ
　けで10〜15回連続繰り
　返す。

片足連続が
お腹の体脂肪に効く!

バック&ニーでは、「膝を上げたトップ位置」と「後ろに下がった一番下の位置」の2ヶ所のイメージだけを描き、途中は気にしないで動くと正しく動けます。その2ヶ所、上と下では必ず一瞬止めて下さい（途中はスムーズに）。

　バックランジと比べて膝を上げる動きが入るので、それだけ余分なカロリーを消費します。それを片足連続で休む暇なく行うので、片足に対する強度＝キツさが増し、高強度トレーニングに近くなり、運動後のエネルギー消費も促すのです。

その片足連続ですが、右が終われば左、左が終われば右とノンストップで続くので、有酸素運動のような長い時間心拍数が高くなる運動になり、体脂肪を燃焼しやすくなります。結果、多くの体脂肪が溜め込まれているお腹部分は減る量も多いので、ウエストサイズはどんどん落ちていくというわけです。

　脚を使ってお腹の体脂肪を落とす。これ、新常識です！

クランチ 割れた腹筋を作る 初級編

URL : https://youtu.be/ouus-_7ol9Q

6つの腹筋の山を作るための第一段階がこれだ!

頻度は?
15回 × 3セットを週3回

効果は?
2〜3週間すれば、6つの山の存在を視認できるはず

一見緩く見える腹にも、実はシックスパックが宿ってる!

体脂肪が落ちた後に現れる腹筋を事前に作っておく

一見ゆるく見えるが実は6つの山の下地ができている!

腹筋6つの山を作る上で避けては通れない最初の運動がこれだ!

クランチ無くしてシックスパックは作れない!

硬いシックスパックを作る最初の階段となるトレーニング

　理想の割れた腹筋を手に入れるには、「体脂肪を落とすこと」と「腹筋を作ること」の両方が必須。だから、バックランジをやりながらクランチをやっていくことが、引き締まったかっこいいお腹を手に入れるには最短の方法だと考えてください。

　クランチで腹筋の使い方を体で覚えるのが、硬いシックスパックを作る最初の階段です。最初の階段なくして、次の階段には上がれない。最初の階段を登ることで、すでに理想へと近づいているのです。

　更に言うと、クランチをきっちりとやっておけば、**他のどんな腹筋運動でも腹筋を割る効果を引き出しやすくなる**というメリットもあります!

腹筋から負荷を逃さないのが最大のコツ！

膝を90度に足を浮かせつつ、スネは水平より少し高く上げる！

仰向けに寝転んで手は頭の後ろに

手は組まない。指を後頭部に添えるだけ

お腹を中に押し込むように

丸めた時には息を全部吐く

フー

背中を上げるように胴体を丸める

息を吐きながら上半身を丸め、息を吸いながら下ろす！

もっと効果を上げるための3つのポイント！

①首を曲げ伸ばしすると首の運動になってしまうので、腹筋に効かない。背中を上げ、胴体を丸めること！

②息を完全に吐かなければ腹筋が縮まない。上がる時の下半分ですでに全部吐き終わると、きっとうまく行く！

③下ろす時は、上げる時よりゆっくり行ったほうが腹筋により効く。なお、頭は下につけない！

序章　自宅筋トレでシュッとした体になりたい

第1章　まずはお腹をサイズダウン！

第2章　男らしい胸板と腕を作る！

第3章　肩、背中、お尻で見た目の印象は変わる！

第4章　こうすれば筋トレ効果は加速する！

第5章　筋トレ効果をムダにしない食事法！

☐ 尾てい骨を1cm上げるとムチャクチャ効く！

運動中は腹筋を全く休ませないのが重要なコツ！

腰が丸まるよう腹筋で隙間を上から押しつぶして、尾てい骨を1cmだけ持ち上げる。これだけでムチャクチャ効いて、腹筋の形は格段に良くなる。

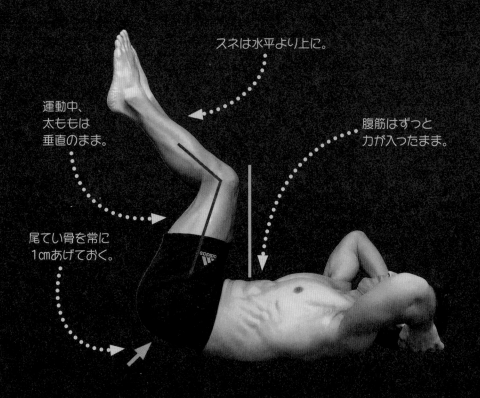

スネは水平より上に。

運動中、
太ももは
垂直のまま。

腹筋はずっと
力が入ったまま。

尾てい骨を常に
1cmあげておく。

Good!!!　頭を下ろしても、
腰が反らなければOK！

腹筋で
他の筋肉が変わる！

尾てい骨を浮かせたクランチを行うと、最後の方で筋肉中に溜まる乳酸のせいで腹筋の上の方がたまらなく痛くなります。その痛みを感じると、20代を過ぎると格段に下がっている「成長ホルモン」の分泌が活発になり、腹筋だけでなく全身の筋肉がつきやすい環境になるのです。

クランチで使う腹筋の上の方が強くなると、肋骨のあたりがガシッと固まり、他の部分のトレーニングでもパワーが出やすくなります。そして肩でも脚でも、全身でグッと力が入りやすくなります。

力が入りやすすければ、ムダな辛さはなくなり、使うべき筋肉がもっと使えるようになるでしょう。その結果、あなたの体は変わりやすくなるというわけです！

下っ腹ポッコリを解消する

URL：https://youtu.be/k1kqglRIXF4

重力に負けない平らな下腹部を作る！

下っ腹がダラダラの男のままでいいのか？

お腹の体脂肪は重力に従って下に落ちる

下っ腹の筋肉を自分でキュッと固められるようになれ！

でも下っ腹の筋力があれば、食い止めることができる！

頻度は？
10～15回を3セット
週2回

効果は？
4週間でお腹の引き締まりが現れる

引き締められる下っ腹が体型を崩れにくくする！

「普段から猫背姿勢でいると、本当に猫背になってしまう」ように、長時間いる姿勢に人の体は傾いていきます。下っ腹が緩いと、内臓脂肪は重力に引っ張られるがままになる。そして、それを放っておくと体型がその方向に流れてしまうのは、当たり前のことなのです。

それを下っ腹の筋肉で上げるように、ぺったんこを目指して持ち上げる。気がついた時だけでもそれができる下っ腹。無意識にそれをしたままで立っていられる下っ腹。そんな**「引き締められる下っ腹」**があれば、**体型は崩れにくくなります。**下っ腹で重力に抵抗してください。抵抗しなければ負けてしまいます！

力が抜けない、が メチャメチャ大事！

序章　自宅筋トレでシュッとした体になりたい

第1章　まずはお腹をサイズダウン！

第2章　男らしい胸板と腕を作る！

第3章　肩、背中、お尻で見た目の印象は変わる！

第4章　こうすれば筋トレ効果は加速する！

第5章　筋トレ効果をムダにしない食事法！

膝を曲げない！

足を上げた時に膝が曲がると、腹筋の力が抜けてしまう

腹筋が弱い人ほど膝が曲がる

足を伸ばすことでお腹に力が入ったままになる。これが大事！

腰を反らさない！

腰が反ってしまうと、腰の痛みを感じることもあるので注意！

腰と床との隙間は無いほうがいい！

足をおろした時に腰が大きく反るのは、腹筋の力が抜けている証拠

腹筋やるにも柔軟性が大切！

　足を上げた時に膝を曲げないで真っ直ぐにするには、モモ裏の柔軟性も大切な要素となります。腹筋が弱いからではなく、体が固いから膝が曲がってしまうわけです。そして、そのために腹筋の力も抜けてしまうのは、非常にもったいない。

　一見すると全く関係がないようなストレッチでも、筋トレの効果に関わってくるのです。だからぜひ、日頃からやっておいてください！

☑ 実はこれ、骨盤の回転運動

「レッグレイズ＝足上げ」と世界中で呼ばれているが、足を上げようとするとどうしても、モモ前の筋肉で持ち上げてしまう。

　腹筋で腰を床に押し付けて尾てい骨を上げると、骨盤の回転が動きの中心になる。足先を上げるのではなく、中心からの動きにあとから足がついてくるくらいの方が、下っ腹にバッチリ効いてくる！

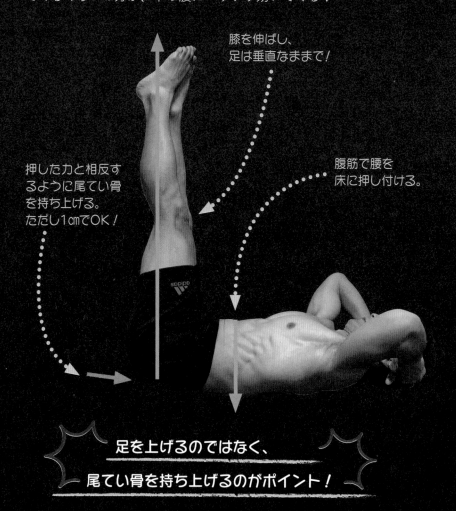

膝を伸ばし、足は垂直なままで！

押した力と相反するように尾てい骨を持ち上げる。ただし1cmでOK！

腹筋で腰を床に押し付ける。

足を上げるのではなく、尾てい骨を持ち上げるのがポイント！

中年の哀しさ、尿切れの悪さよ サヨウナラ

40 歳以上の人が悩むのは、体脂肪が増えることだけではありません。恥ずかしくて誰にも言えない「尿切れの悪さ」という悩み。しかしこれ、実に多くの中年が人知れず抱えている問題なのです。

レ ッグレイズを続けると、下っ腹＝腹直筋下部の筋力が強くなります。この筋肉を固め、そして中に押し込むように力が入るようになると、お尻の穴の奥のほうにある骨盤底筋群という筋肉と一緒に、膀胱に上から下から挟み込む力が加わる。すると、オシッコを押し出すことができる。

つ まり、長いオシッコ時間、尿道に残るオシッコがチャックを閉めた後にじわ～っと漏れる、あの不快な残尿感を極力なくすことができるのです。これは嬉しい誤算ですよね。ぜひとも、こっそりやり続けてください！

6パックを作る究極の腹筋

Wハイパークランチ

URL：https://youtu.be/5lKH1TsU5bw

上から下まで腹筋を大きく伸ばして6つの山を作る！

上から下から腹筋（腹直筋）を同時に縮めていく！

　おヘソあたりから上の部分の腹直筋は、元々誰でも6つに割れています。ただ、それが薄いので割れていないように見えるのです。**一般的に「腹筋を割る」というのは、このすでにある腹筋の一つ一つの山を高くしていくことを指します。**つまり、大胸筋を付けるのと同じように、腹筋を付ける必要があるというわけです。

　著者のオリジナルエクササイズである「Wハイパークランチ」は、上下からの負荷、上下からの伸び縮みによって、道具なしでも大きな変化を起こして腹筋を付けることが可能です。

　憧れの6パックはすぐそこにある！

腹筋を割るには スキを作らないこと！

骨盤を上げると足も 付いてくるという感覚で！

頭を高く上げる必要はない！

下半身は、膝を伸ばしたままで足を上げるように！

ある程度は体が柔らかくないと、膝がどうしても曲がってしまう

頭と足を下ろした時に腰が反っていると、腹筋が正しく使えていない

足を下ろす時は、腹を床にグッと押し付けるように力を込める！

腰と床の間の隙間は最小限に！

腹筋に効く、効かないの意味

　膝や首を曲げたり、腰を反らしたりすると、腹筋は「休んでいる」状態になってしまいます。それはつまり、10回やっても5回しかやってないのと同じこと。それでは、腹筋がなかなか変わらないのも当たり前のことでしょう。

　「最後まで休まないで続けて、全力で効かせる」ことは、単なる回数以上の変化を腹筋に起こします。結果が出るのは早いほうがいい！と強く思うなら、その意識を徹底させてください。

☑ 腹筋は胴体の運動である

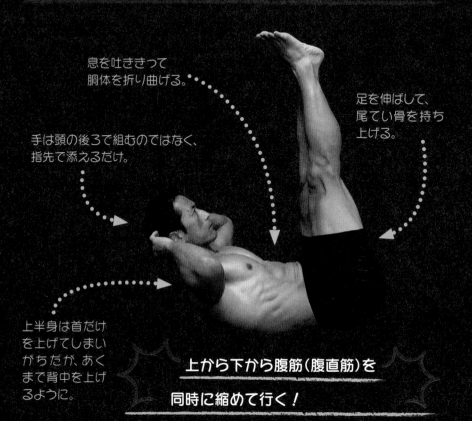

息を吐ききって
胴体を折り曲げる。

足を伸ばして、
尾てい骨を持ち
上げる。

手は頭の後ろで組むのではなく、
指先で添えるだけ。

上半身は首だけ
を上げてしまい
がちだが、あく
まで背中を上げ
るように。

上から下から腹筋(腹直筋)を
同時に縮めて行く!

☑ 呼吸は全部吐いて、半分だけ吸う

　呼吸は、足と頭を上げて腹筋が収縮するときには全て息を吐ききる。空気を全部出さなければ、胃にボールが入ってるようで邪魔で収縮できない。下ろすときには半分しか息を吸わない。チビチビゆっくりと。一気に100％吸ってしまうと、腹筋の力が抜けて腰が反ってしまう。

　縮む時に吐く、伸びる時に半分吸う。呼吸と筋肉の動きをシンクロさせること!

伸ばした足を上下する腹筋は老後のあなたを元気にする？

W ハイパークランチのように足を伸ばして上下させると、実際には腹筋だけでなく、腰から骨盤の中を通って太ももの骨にまで伸びている「大腰筋」という筋肉も強く使っています。特に下の位置、体がまっすぐな状態から上がる瞬間に、強くその筋肉が働いています。長時間座り仕事の人は、この大腰筋が衰えがち。大腰筋が弱くなると、歩くのが遅くなる、足が上がらない、つまづきやすくなるといった衰えが出やすくなってしまうでしょう。

足 を伸ばした腹筋をする時に、大腰筋を一緒に使ってしまうことは悪いことではなく、足を引き上げる動きが良くなるので、座り過ぎの40歳以上の人にとってはありがたい副作用だと言えます。その余分なメリットも、足を下ろした時に「腰を全力で反らさないように腹筋で床に押し付ける」ことで得られるのです。

6パックを作るだけでなく、シャキシャキ歩けるオヤジになろう！

自然のコルセットでお腹を引き締める

プランク

URL : https://youtu.be/A9c1SEZiA8M

姿勢が良くなれば当然、よりカッコよく見える！

頻度は？
30秒を3セット、これを毎日

効果は？
1週間でラクチンになり、2週間で姿勢が変わる

背筋ピンッ！

姿勢が良くなれば、それだけでカッコ良く見える！

同じ体重・体脂肪率でも姿勢で見た目は変わる

初心者はまずプランクをやれ

腹回りが引き締まる！

姿勢も良くなる！

✕ 腰が上がる

顔を前に向けることが大鉄則！

✕ 顔が下がる

腹を中で固める筋肉＝腹横筋
まずはこれを鍛えておかないと、普通の腹筋運動がうまくできない

インナーマッスルも鍛えることができるトレーニング！

　プランクは、「腹を中で固める筋肉＝腹横筋」という薄い膜状の筋肉でコルセットを締めるのと同じ作用があり、体幹の筋肉を効率良く鍛えることができます。そして、腹回りを引き締める、疲れにくいなど複数の効果が期待できます。

　長時間座り仕事の人だと、お腹は外に膨張する方向に圧力がかかっています。外方向に圧力がかかったお腹は、毎日それに対抗するよう内側に締める運動「プランク」をしなければ負けてしまう。毎日と言っても、たった30秒を3セットでOK。2週間も経てば、コルセットをギュッと締めたように、姿勢が見違えるように良くなります。

　良い姿勢は、今持っている自分の体を最高に良く見せる秘訣です！

これでは肝心の 腹横筋が使えていない！

顔を前に向けた姿勢をキープするのは見た目よりも辛い！

✕ 油断すると膝が曲がってくる

✕ 油断すると胸が凹んでくる

✕ 油断すると頭が下がってくる

更にキツくなってくると・・・？

お尻がグイッと出過ぎ ✕✕

三角形フォルムに近づいてくる⁉

腕で体を後ろに押しすぎ ✕✕

時間が短くても正しいフォームが大切！

　上図の現象はすべて、腹直筋が弱くて負荷を逃しているサインです。

　真っ直ぐな姿勢になるためには、真っ直ぐな体勢でプランクを行うこと。腹横筋から負荷を逃さず、たとえ30秒できなくても正しい形でできる所までやる方が、体は変わってきます。**乱れた形で1分も2分もやったところで、意味はありません。**

　決められた時間、やり続けることがミッションではありません。正しい姿勢で正しく腹横筋を使うこと。これが、最重要課題だと思ってください。

☑ 背筋を伸ばすように、まっすぐ一直線に

　まっすぐな姿勢を作るためのプランクだから、運動中も体全体をまっすぐ一直線に保つことが重要。苦しいかもしれないが、これができれば、立った時の姿勢維持はこの10分の１の筋力でラクラクできるようになる！

お尻、股関節、膝はまっすぐ。

前を見るように顔を上げる。

体全体が一直線になるように！

ヘソから胸までを縦に伸ばす。

顔、のど、胸を揃って持ち上げるくらいの感覚で！

☑ 呼吸は普段通りに

　腹横筋が弱いとプランクで息が止まりがちだが、呼吸は止めないで、長めのゆっくりとした呼吸を続ける。普段立っている時にしている呼吸と同じように！

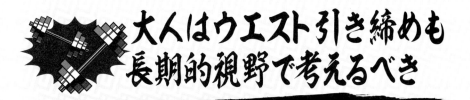

大人はウエスト引き締めも長期的視野で考えるべき

プランクをして腹横筋を鍛えるということは、常にコルセットを巻いて体の中心から姿勢をまっすぐにするということ。そうなれば同じ体型でもよりスラッとスマートに見えるし、大胸筋は盛り上がりを見せ、たくましい肩幅も表現できます。

効果はそれだけではありません。いつもお腹を腹横筋で引き締めている人と、いつも外側に圧力がかかっている人とでは、将来的に肋骨の広がり違いが出てきます。ほんの少し肋骨を締めてお腹を持ち上げる。これを立っている間、歩いている時にいつもできている人は、より引き締まる方向に進み、ウエストは細く見えます。逆に、できていない人は肋骨が広がり、胴回りが太く見えます。

つまり、プランクで腹横筋の筋力を付けることで、ウエストが太くならない予防線を張ることが可能なのです。ぜひとも、こっそりやり続けてください！

常に引き締まったお腹で崩れない姿勢に

スパイダーマン

URL：https://youtu.be/xxOfgAFezaM

エネルギー消費が大きな動きでの体幹運動！

良い姿勢で歩く姿は、それだけで見栄えが良くモテる

歩いている時でも良い姿勢でいるには、「動きながらの」体幹トレーニングが必要

その名の通り、スパイダーマンが壁をよじ登るように動きながら行うトレーニングだ！

一直線の姿勢のまま、片足（膝）と片手（逆側）を上げる→下げる　これを左右交互に行う

ヒーローになりきる！

頻度は？
左右交互に20回
3セットを毎日

効果は？
4週間もすれば歩くときのお腹も引き締まり、いつもスキのない姿勢に

アメコミヒーローから学ぶ一石二鳥の自宅体幹トレーニング！

　スパイダーマンはプランクの進化形であり、動きながらの体幹運動。普通のプランクと比べると「片手と片足を交互に動かす」という激しい動きが加わるので、結構キツく感じるでしょう。

　動きながら腹横筋を固められれば、歩いていても何をしていてもお腹を引き締めることができ、肋骨を持ち上げられるので、その姿勢は常にスマートでカッコいい。**手足を大きく動かして体を支えているので、プランクと比べて消費カロリーも格段にアップ！**　単なる体幹運動ではなく、体脂肪燃焼にも貢献する一石二鳥のエクササイズなのです。

スパイダーマン 常に引き締まったお腹で崩れない姿勢に

チマチマやると
腹横筋がしっかり働かない！

自宅筋トレでシュッとした体になりたい

第1章 まずはお腹をサイズダウン！

第2章 男らしい胸板と腕を作る！

第3章 肩、背中、お尻で見た目の印象は変わる！

第4章 こうすれば筋トレ効果は加速する！

第5章 筋トレ効果をムダにしない食事法！

体がまっすぐになってこそ、腹横筋のトレーニングになる！

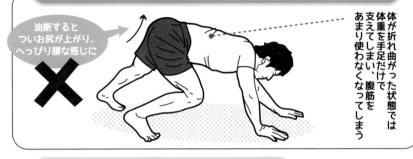

油断すると
ついお尻が上がり、
へっぴり腰な感じに

❌

体が折れ曲がった状態では体重を手足だけで支えてしまい、腹筋をあまり使わなくなってしまう

スパイダーマンのように動作は大きく！

手足を上下させる動きが小さくなってはダメ

のそのそ…

もそもそ…

❌

手足の動きが小さいと消費カロリーも小さくなり、腹筋を使う度合いも小さくなる

スパイダーマンになりきってテンション高く！

　スパイダーマンはあくまで体幹、腹横筋のトレーニングです。でも動きが大きくなれば、消費カロリーも当然大きくなる。だから手足を大きく伸ばして行えば、息が切れるような運動に発展させることができるわけです（もちろんお腹を固めながら）。どうせなら、腹筋を強くするだけでなく、体脂肪燃焼にも一役買う動きにしたほうが絶対いいですよね。なんならスパイダーマン風のBGMをかけながら、テンション上げて大きな動作でやってみてください！

☑ まっすぐ、大きく、ビシッと決める！

まっすぐなキレイな姿勢を作るなら、エクササイズもまっすぐキレイな形で行うほうがいい。一直線の体勢で、早く動き、しっかり止める。それが強い腹横筋を作り、歩いているときのお腹まわりを常に引き締めた状態にしてくれる。

上げた足とは逆の方の手を前に出す

頭から上半身、お尻、伸ばした脚まででまっすぐ一直線にする。

曲げた方の足のつま先は、床に軽く置くだけ。

肩の真下の腕でほぼすべての体重を支える。

まっすぐを維持したままサッと手足を逆に入れ替え、繰り返す

☑ スパイダーマンのコツは？

膝を引き上げ、手を伸ばした時に、イチ、ニと数える時間の間止める。手足を入れ替える瞬間は素早く行う。

手が入れ替わる瞬間は、腹筋の使う部分が右から左へ、また逆に入れ替わる。その切替りの変化に、瞬時にお腹が対応できるようになれば言うことなし！

動きながらの体幹運動が、いつもお腹を固く引き締める

体幹運動といえば、その場で体全体の動きを固めて維持するものが多い。しかし生活の中でも、スポーツをプレーしているときも止まったまま体を固定している場面はほぼなく、多くの動きは体幹（お腹と腰）を固めながら手足を動かすものです。だから最高の体幹運動とは、動きながら体幹を固定するエクササイズであるべきなのです。

本書でも静止するプランクを紹介していますが、お腹の筋力がまだ弱い人は、まずプランクから始めたほうがいいです。そして、「30秒3セット」が平気でできるようになったら、動く体幹運動スパイダーマンへと格上げしてみてください。いつもお腹を固く締めた状態を保つことができるようになり、生活の場でも生きてくるはずです。

エクササイズは自分のレベルに合わせて、進化させていきましょう！

スーパー セット

運動時間を伸ばすと筋肉は早く変わる

URL：https://youtu.be/3j6Xx8jsHGo

2種類のエクササイズを連続でやると効果は3倍！

足し算ではなく掛け算の効果がある！

例えば腹筋の場合

レッグレイズ 10~15回　休憩なく　クランチを 10~15回

つまり合計で 20~30回　これで1セット

90秒休憩したら、すぐに次のセットへ

同じ筋肉 ×2種類の運動 ＝早く変わる！

脚の運動でお腹の体脂肪を減らすことができる!?

　スーパーセットとは、2種類のエクササイズを休みなく立て続けに行うことです。違う筋肉の運動を2種類のときもありますが、ここでは図のように「同じ筋肉の運動を2種類」というパターンを紹介します。

　同じ筋肉の運動を続けて行えば、当然後半は痛いと感じるくらいに効いてくる。この感覚があると、筋肉は大きなリアクションを起こします。

　2つの運動を続けて行うのは、足し算ではなく筋肉への刺激の掛け算。早く筋肉がつきやすいので、忙しい人にこそぜひお勧めしたいトレーニングなのです。

筋肉の運動時間を増やせば、刺激で筋線維は太くなる

スーパーセットでは、2種類の運動を休みなく連続して行います。

例えば、前半の1種目で少しきついレッグレイズを10回程度行い「もうできない！」という限界を迎えたところで、さらにそこから少し軽いクランチを15回やれば、運動時間は長くなる。そうすると、筋肉が熱く痛く感じます。

単にクランチを25回を行うと、前半はラクラクです。しかし2種類のスーパーセットなら、前半も後半も強い刺激があります。つまり、腹筋の筋線維は「きつい！」と感じるわけです。そんな刺激があると、筋線維は「やばい！」と思って強く太くなろうとする。その反応が起きれば、腹筋の6つの山は高くなっていきます。

この方法は、他のどの部位の筋肉でも行えます。

スーパーセットは、重いバーベルを限界を超えてもまだ動かすというやり方と違い、「筋肉を使う時間を増やす」という方法なので、ケガのリスクが格段に小さいです。

40歳以上の人の場合、重さよりこの方法を取ったほうが賢いと言えますね！

序章 自宅筋トレでシュッとした体になりたい

第1章 まずはお腹をサイズダウン！

第2章 男らしい胸板と腕を作る！

第3章 肩、背中、お尻で見た目の印象は変わる！

第4章 こうすれば筋トレ効果は加速する！

第5章 筋トレ効果をムダにしない食事法！

合間の運動が引き締めを加速する

URL : https://youtu.be/HhUbZRoTrKU

強烈な1回の筋トレ以上に、チビチビ頻繁にやると効果あり！

クランチともプランクとも違う、腹筋の引き締め方

「自宅で」やる筋トレではないですが、ご容赦ください。

デスクワーク中は自然と、前傾姿勢→猫背になりがち。でも、1時間に1回ずつでもいいので、頭を高く背筋を伸ばし、お腹周りという筒をひと回り小さくして上へ伸ばすことを意識してみましょう。これだけで、**腹直筋、腹斜筋、腹横筋だけでなく、腰の脊柱起立筋をも同時に使う**ことになります。たった1分間、これらの筋肉を使うことが、お腹の引き締めを大きく加速させるのです。

結果的に、頭のテッペンとお尻は遠く離れる。だから運動中は座高が高く見えるかもしれませんが、恥ずかしがることはありません。

仕事中にチビチビやる補助運動が腹筋を作ってくれる

座ったままでのデスクワーク。下手をすると、ランチタイム以外はぶっ通しでしょう。その間、あなたの腹筋は緩んだまま。それ以上に、内側からの圧力に押されて伸ばされた状態です。これをずっと週5日も続けていたら、「週に1回か2回の全力腹筋運動」くらいではリカバリーしきれません。

だから仕事中、デスクワークの合間時間を活かしましょう。パソコンに向かっている時、あるいは会議中、背筋を伸ばしてお腹を締めてみる。1時間に1回、1分だけ。誰も見ていない。誰も気づかない。

決して、無理難題ではないですよね？

こんな些細な運動をするだけでも、腹筋の怠けた感覚に対してボディブローのように効いてきます。1時間に1回、「引き締める」ことを腹筋に思い出させる。そうすると、今までのトレーニングで上がった筋力を維持できるので、本番の「トレーニング時間」の腹筋は毎回前に進んで行くことができます。仕事中にチビチビやる補助運動こそが、シックスパックを作る立役者となるのです！

緩い運動がお腹の浮き輪肉を小さくする

日常のユルトレ

URL : https://youtu.be/vrj3rKo8API

チョロチョロ動けば動くほど、体脂肪はもっと減る！

最高の

日常のユルトレ……

通勤の階段すらもお腹引き締めの場!!となる!

上半身を倒さない

通勤時、外出時はエスカレーターではなく、階段を使おう

1段飛ばしで足を大きく使えば、お腹はもっと引き締まってくる

かかとを踏んで上がれば、お尻、モモをしっかり使えてカロリー消費も絶大

階段を使ってる姿は、側から見てもかっこいい（かも）

日常での工夫の積み上げが体脂肪を削ってくれる！

　階段を自分の足を使って上がることは、ジムで脚トレをするのと同じことです。階段を上がる時は、お腹や腰の筋肉も使う。そして足を使えば、どんどんエネルギーを消費できます。ただ漠然と階段を上るだけでも効果はありますが、細かな工夫を散りばめれば尚良し。**かかとを踏んで上がる、上半身は倒さない、前もって歩きやすいシューズを履いておけば、1段飛ばしも問題ない。**

　まずは、2〜3階分くらいを目安に始めてみてください。一度始めれば、それが自分の当たり前になり、お腹も脚もどんどんシャープになっていきます。

筋トレ時間だけで勝負しない
体脂肪燃焼の成功法

　バックランジなどの大きな筋トレをすることは、消費エネルギーも大きく、代謝の高い体を作ります。しかし、仕事で座りっぱなしで8時間以上、さらにはあまり歩かない生活では、そもそも1日の総消費カロリーが少なすぎて、なかなかお腹周りの体脂肪が減りません。

　ただ忙しい日常では、多くの「運動時間」を作ることが難しい。だからトレーニング以外の時間、つまり生活の中の時間を「動く時間」に変えて、少しでも消費する、心拍数を上げる、血流を良くする回数を増やすことが、ボクシングのボディブローのようにジワジワと効いてくるのです。

　通勤、仕事場、マンションなどで、できるだけ階段を使う、3〜4kmの距離なら車ではなく自転車で出かける。こういった特別な時間を作る必要もない、どこでもできる小さな運動が、お腹の余分な肉をどんどん減らしてくれます。

　余計に時間を割く必要がない、頻繁にやれる。実はこれが、お腹の体脂肪を落とす重要ポイントなのです。

サイドベンド

やりすぎると ウエストが太くなる？

URL : https://youtu.be/0xHIYrC5BAM

筋肉を太くすべきでない場所もあるので要注意！

脇腹の筋肉＋体脂肪率15％以上＝ぽちゃ浮き輪贅肉？

ダンベルとは反対側の脇腹が鍛えられる

これがサイドベンド

ダンベルを片手に持ち、その方向に上半身を真横に傾け、再びまっすぐ戻す

しかし、あえてこれはやらない！

この盛り上がった脇腹が筋肉に見えるのは、体脂肪率が1桁台になってから。

体脂肪率15％以上だと、単なる贅肉に見えるかも...

シュッとした体になるためには、つけないほうがいい筋肉もある

　お腹につく肉は、前側だけでなく横側も気になります。だから、横のはみ出た浮き輪肉を絞るために、サイドベンドをする人が多いようです。でも実は、引き締めようとやっているこの種目をかなり**重いダンベルでガンガンやっていると、細くなるどころか逆にウエストが太くなる**現象が起きてしまうことを知ってましたか？

　サイドベンドは脇腹の筋肉を鍛える（筋繊維を太くする）ための運動。腹斜筋がつきすぎると、ウエストが太く見えてしまいます。何でもバンバン筋トレすればいいわけではありません。筋肉は、全体のバランスを考えてつける所とつけない所を分ける必要があるのです。

自分の目的に合わせて、不要な筋トレはやらない！

サイドベンドは脇腹の外腹斜筋を鍛えるエクササイズ。外腹斜筋は、肋骨に乗った部分から骨盤のすぐ上までと広い範囲にあります。サイドベンドで重いダンベルを使って鍛えると、外腹斜筋の中でも骨盤のすぐ上にある自転車のチューブのような塊の部分が太くなり、骨盤の幅より外にポコッと飛び出すくらいになります。それこそ浮き輪のように。つまり、ウエストが太くなってしまうわけです。

その「太くなった箇所」が鍛えた筋肉に見えるのは、体脂肪率が1桁になってから。体脂肪率が15％以上なら、その「浮き輪筋肉」の上に体脂肪が乗っているため、横っ腹は単にぽっちゃり太く見えてしまいます。その下に筋肉があるのかなんて誰にもわかりません。

ウエストを細く見せたいなら、サイドベンドはやらなくてもOK。筋トレは、ただ何でもやればいいのではありません。自分の求める体型にするには何が必要なのか、それを考えながら種目を選ぶ必要があるのです。

OK!

第2章

男らしい胸板と腕を作る！

胸板を厚くする正しいやり方

腕立て伏せ

URL : https://youtu.be/PDuuljSBWEk

あなたの腕立て伏せはやり方が間違っている!?

Tシャツ姿の見栄えを上げるポイントは大胸筋にあり

正しいフォームの条件は？
- ☑ つま先から頭まで一直線
- ☑ お尻を下げない
- ☑ お腹だけを下げない
- ☑ 頭下げ＆胸凹ませはダメ

腕立ては正しいフォームでやらないと意味がない！

コツは少しだけ頭をあげて前を見る

頻度は？
10回3セットを週2回

効果は？
正しくやれば8週間で張りを感じられる

張りのある大胸筋はTシャツ姿を格上げする

回数をこなせば良いわけではない

回数よりも正しいフォーム、これに尽きる

　男性がつけたい筋肉No.1の大胸筋。女性の胸と同様、男性の大胸筋も重要なセックスアピールのポイントです。そして、大胸筋を鍛えるための "やったことがない男はいない" と言っても過言ではない運動。それが腕立て伏せです。

　道具なしで大胸筋を鍛えるには、腕立て伏せしか方法はない。しかし、**世の中にはあまりにも「大胸筋に効かない腕立て伏せ」が氾濫しています。**腕立て伏せはとにかく、「正しいフォームで行うこと」が重要です。回数を追い求めるのではなく、正しく行うことを追求していくことが、大胸筋をつける上で何よりも大切。だから、とにかくトレーニングの精度を上げるのです！

腕立て伏せには とにかく間違いが多い！

序章　自宅筋トレでシュッとした体になりたい

第1章　まずはお腹をサイズダウン！

第2章　男らしい胸板と腕を作る！

第3章　肩、背中、お尻で見た目の印象は変わる！

第4章　こうすれば筋トレ効果は加速する！

第5章　筋トレ効果をムダにしない食事法！

やった気になっているが全然ダメなフォーム

そもそも、やってる姿がカッコよくない

× 体が下りてないのに、頭がだけ下がっている

× 膝が曲がっている

これもまたカッコよくない

お腹が落ちる原因は腹筋の弱さ

体が下りてないのに、お腹だけが落ちている

大胸筋を伸ばさないと効果が無い！

ごまかした動きでは、大胸筋は決してつかない

　回数だけをこなそうとすると、正しいフォームではなくなります。つま先から頭までを一直線にして、胸がギリギリ床に付くくらいまで下ろすというフォームではなく、その負荷から逃げる動き。大胸筋があまり動いてないのにやった気になるだけで、結局何も変わらない。そんな無駄な時間を過ごすことになるでしょう。

　大胸筋に効かなかればいけない。無駄な動きを省かなければいけない。

　それこそが、正しい腕立て伏せなのです。

☑ 腕立て伏せの立役者は呼吸だ！

　腕立て伏せの一番の目的は、大胸筋をしっかり伸ばし縮めること。腕以外の部分は全て固定し、腕だけを動かすことで大胸筋が伸縮する。

　下ろす時に息を大きく吸って肺を膨らますことで大胸筋を大きく伸ばし、胸の張りを残しながら上がる時に息を吐く。胸の奥に肺はあるので、呼吸が腕立て伏せの効果を左右する。

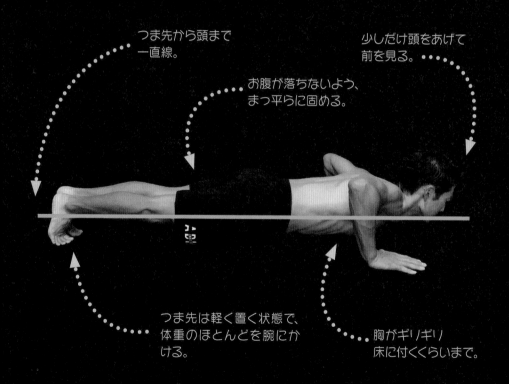

つま先から頭まで
一直線。

お腹が落ちないよう、
まっ平らに固める。

少しだけ頭をあげて
前を見る。

つま先は軽く置く状態で、
体重のほとんどを腕にかける。

胸がギリギリ
床に付くくらいまで。

呼吸は「下がる時に吸って、上がる時に吐く」が正解

腕立て伏せは優れた体幹運動だった！

腕立て伏せはもちろん大胸筋を作るためのエクササイズですが、実はかなり優れた「体幹運動」でもあります。前ページで見たように、腕以外の体のパーツは固定して行うのですが、その時点で「プランク」の要素が入っています。つまり腹筋、腹横筋を使う運動にもなっているのです。

正しい腕立て伏せを久々に行うと、脇の下、広背筋の前にある前鋸筋が筋肉痛になります。前鋸筋は、腕をついて体を支えるにはとても重要な筋肉です。

さらに、背中が丸まらないように頭を上げていることは、腰から首の方に伸びる脊柱起立筋を引き締めて使っている。つまり、「体幹」＝胴体の筋肉をたくさん使っているのです。

昔、部活で「しごき」として腕立て伏せをやらされたかもしれませんが、実は優れた「体幹運動」だったということは、先生/先輩も知らなかった事実でしょう。

正しい腕立てが どうしてもできない人へ

準備 筋トレ

URL : https://youtu.be/FVc2YtYp1vE

段階的に正しくできるように なる方法がある！

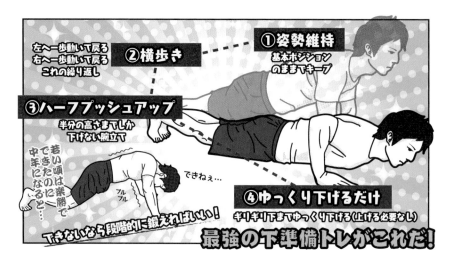

① 姿勢維持
基本ポジション のままでキープ

② 横歩き
左へ一歩動いて戻る 右へ一歩動いて戻る これの繰り返し

③ ハーフプッシュアップ
半分の高さまでしか 下げない腕立て

若い頃は楽勝で できたのに 中年になると……

プルプル

できねぇ…

④ ゆっくり下げるだけ
ギリギリ下までゆっくり下げる（止める必要ない）

下できないなら段階的に鍛えればいい！

最強の下準備トレがこれだ！

回数だけ無理にこなしても効果は期待できない！

　なんとか回数をこなそうと、グチャグチャなフォームで腕立て伏せを10回やったところで、大胸筋には響かない。でも人間、年をとってくると正しいフォームでの腕立てがどうしてもできないという人もいます。ならば、段階を踏んで行きましょう。

　まともにできない人は、次ページで紹介する4ステップトレーニングから始めてみてください。ステップ1から始め、できるようになったら次のステップへ進みます。

　ステップ4までこなせるようになったら必ず、正しい腕立て伏せができるようになるでしょう。間違いありません。

　目指そう、厚い胸板を！

正しい腕立てのための下準備 4ステップトレーニング

ステップ1：スタート位置で姿勢維持

　腕立て伏せのポジションで胸を床につけた時、前腕が垂直になる手幅にする。胸を床から上げ、足から頭までまっすぐにした基本のポジションでプランクのように止まって姿勢を30秒間維持する。30秒休憩して３セット行う。

ステップ2：左右へ横歩き

　体を上げた基本ポジションから腕だけを使って左右へ一歩ずつ歩く。左手を右手に近づけて止め、右手を右に開いて一歩歩く。右手を左手近くに止め、左手を左に開いて一歩歩く。お腹が落ちないよう固める。左右へ１歩ずつを３セット。

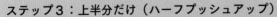

ステップ3：上半分だけ（ハーフプッシュアップ）

　体がまっすぐのまま上から半分の高さまで、腕を曲げながら上下する。まっすぐ姿勢は崩さない。10回３セット。後半がきつい場合は徐々に浅くしても良い。

ステップ4：ゆっくりと下げるだけ

　体がまっすぐのまま、５秒かけてゆっくりと床ギリギリまで下ろす。膝をついて起き上がり、開始位置から再び５秒かけて抵抗しながら下ろす。これを10回３セット。

OK!

序章　自宅筋トレでシュッとした体になりたい

第1章　まずはお腹をサイズダウン！

第2章　男らしい胸板と腕を作る！

第3章　肩、背中、お尻で見た目の印象は変わる！

第4章　こうすれば筋トレ効果は加速する！

第5章　筋トレ効果をムダにしない食事法！

ダンベル
フライ

引き伸ばすと大胸筋はつきやすい

URL : https://youtu.be/IWgeCru4BE0

大胸筋を鍛えることだけに集中するエクササイズ！

ダンベルを使って大胸筋に集中！

頻度は？
15回3セットを週2回

効果は？
3週間もすれば男らしく胸が張り始めるのを実感できる

腕を開く時は、ダンベルを外に向けて開く感覚で

ダンベルフライは腕立てとは異なり、大胸筋だけにターゲットを絞ったトレーニングだ

ベンチが無くても大丈夫床の上でも十分にできる！

集中的に大胸筋の広い面積と内側の谷間を作っていく！

鍛え上げられた大胸筋これに近づくには、腕立てだけではダメ

ダンベルで大胸筋の谷間を作る！

　腕立て伏せではイマイチ大胸筋を使っているのがわかりづらい場合は、ダンベルフライがオススメです。初心者は6〜10kg程度のダンベルを使えばOK。ベンチがなくても床の上でやればOK。ついでに言えば、ダンベルフライをやった後に腕立てをやれば尚良しです（これもスーパーセットの一つ）。

　ダンベルフライを続ければ、**厚みだけではなく広がりや内側の谷間という大胸筋の細部をつくることが可能です。**見栄えが間違いなく、格段に良くなるでしょう！

大胸筋への負荷を逃さないことが近道

腕を内側に曲げすぎてはダメ

ダンベルは上がっているが、肘が曲がって中に入りすぎている

この状態で肩の真上まで上げても負荷はゼロ

胸が凹んでいてもダメ

息を吐きすぎると肋骨が落ち、胸が凹んでしまうのだ

これでは大胸筋が収縮しない！

100%吸って、50%吐く

　呼吸は下ろす時に目一杯吸って、上げる時に半分だけ吐いてください。空気の半分は肺に残して肋骨が落ちないように、腰の反りは残したままにした方が、常に大胸筋への負荷をかけることができるのです。

　とにかく大胸筋を休ませないこと。そうすれば、早く変化が起きます！

☑ ハリのある胸が欲しいなら常に胸を張る

　ベンチがないと大胸筋のトレーニングはできないと思われがちだが、床の上でも十分に可能。

　床でやる場合の「肘の開きの一番下がった状態」だが、肘が床に触れるよりも先に三頭筋が床につくので、その瞬間に上げること。それと、両腕を開いて下げている時は「胸を突き出して、腰にアーチを作る」のが重要だ。

肘の角度は160度で
固定して変えない。

腕を上げる角度は、
下から45度まで。

腰を少し反らせて
胸を張る。

腕を上げる時は、
ミゾオチを突き出すような
感覚で。

ダンベルを持った両腕を
下げるというよりは、横に
引っ張っていく感覚。

引き伸ばすと筋線維が太くなるのにはワケがある

少し古い輪ゴムを引き伸ばすと小さな亀裂が入りますが、それと似た状況が筋肉痛です。筋肉痛だけが「正しく筋トレをした指標」ではないのですが、筋肉に効いている証であることは間違いありません。

ダンベルフライは広げて下ろした位置、すなわち筋肉が伸びた所で強く負荷がかかり、さらにゆっくり3秒ほどかけて下ろせば、かなりの筋肉痛が起きるくらい効きます。この引き伸ばし作用によって起きる筋線維の小さな亀裂＝損傷を修復していくことで、さらに強く、太くなっていくのです。

もっと効果を求めたい場合には、ダンベルフライを3セット行って大胸筋を疲れさせた後で、腕立て伏せを3セット行う。これで、さらにその効果を大きくすることが可能です。ただし、そのやり方は毎日はできません。中1日の休養日を置いて行ってください。

胸板の厚さは背中の筋肉で変わる

ベントオーバーロウ

URL：https://youtu.be/PzBxPKuxfyA

肩甲骨の間の筋肉がそのまま体の厚みになる！

頻度は？
ダンベル 8〜10kg で 15 回
3 セットを週 2 回

効果は？
4 週間で肩甲骨の間の筋肉がより収縮し
盛り上がりやすくなる

この「胸板の厚み」を作るには、大胸筋をトレーニングするだけでは不十分

背中の筋肉がなければ「薄い」という印象になる

頭だけが上下してしまう
腕だけで上げ下げする
どちらも NG

背中の筋肉をつけることで、前後に厚みを作るそのためのエクササイズだ！

胸板とは大胸筋トップから背中までの厚みを指す

表裏一体の胸と背中の両方を鍛える！

　大胸筋がついていても背中の筋肉がなければ、他人から見て「薄い」という印象になってしまいます。背中の厚みを出すためには、肩甲骨の間の僧帽筋、菱形筋という筋肉をトレーニングする。そして厚みのある背中の筋肉をギュッと締めると、その厚みの分だけ胸が前に押し出され、大胸筋がより誇張されるのです。

　このトレーニングのポイントは、腕ではなく肩と肩甲骨の動き。ここを間違えると、ただ単に「ダンベルを持った腕の上げ下げ」運動になってしまい、背中に何も効かなくなります。

　表裏一体の胸と背中の両方を鍛えることで、厚い胸板は完成するのです。

目的は肩甲骨の間の筋肉を収縮し、伸ばすこと

ダメな基本姿勢は？

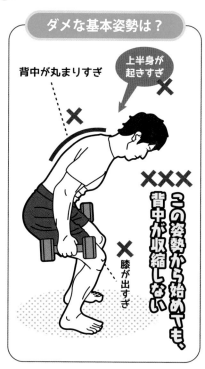

背中が丸まりすぎ ✕

上半身が起きすぎ ✕

✕✕✕

この姿勢から始めても、背中が収縮しない

✕ 膝が出すぎ

肘ばかり動かしてはダメ

肘を上げて腕を使いすぎこれでは単なる「腕の上げ下げ」運動 ✕

✕

ダンベルを大きく動かす必要はない。動かすのは背中

肩と肩甲骨を背中に寄せるだけでいい！

見えない部分は想像力を働かせる

　ダンベルを上げることばかり気にしてはいけない。「ダンベルを持った腕の上げ下げ」運動では、背中に何も効きません。**背中を動かすこと、そして肩甲骨の間を縮めることが、あなたのやるべきことです。**

　正面に鏡を置き、肩が後ろに回転して動くのを目で確認するのと同時に、自分を後ろから眺めたつもりで「肩甲骨が中に寄る」というイメージを頭に描いてみてください。

☑ ポジションを固定して、肩甲骨だけを動かす

　肩甲骨を目一杯寄せるには、息を全部吐くこと。吐ききらないと最大限に縮まない。そして、下ろす時に吸う。

　ダンベルを上げようと思わないこと。肩甲骨が寄って上がるのと同じだけダンベルは上がる。つまり、正面の鏡を見て肩が5cmしか動かないなら、ダンベルも5cmしか上下しないということ。その感覚で行うと、背中中心の動きが可能になる。

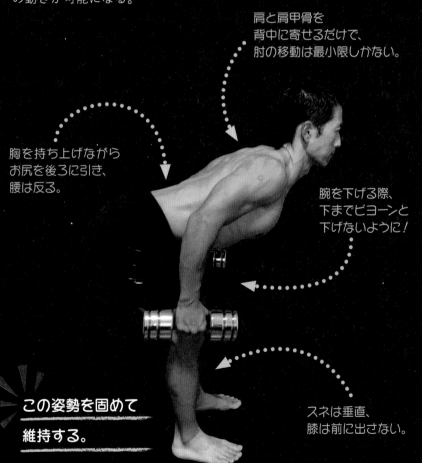

肩と肩甲骨を
背中に寄せるだけで、
肘の移動は最小限しかない。

胸を持ち上げながら
お尻を後ろに引き、
腰は反る。

腕を下げる際、
下までビヨーンと
下げないように！

この姿勢を固めて
維持する。

スネは垂直、
膝は前に出さない。

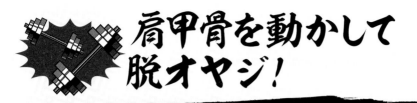

肩甲骨を動かして脱オヤジ！

このエクササイズを行うと、かなりの割合で肩甲骨が思ったように動かない人が多い（特に40歳以上）。これは毎日長時間デスクワークをしていると、肩甲骨が開いたままの状態が長く続くのが原因です。

後ろから見て肩甲骨が開いた背中はだらしなく、非常にオッサンくさい。でも、ベントオーバーロウを、肩甲骨を動かすことにフォーカスして続ければ、徐々に動くようになります。胸板の厚さに貢献するというのもありますが、何気なく立っている時に締まった肩甲骨、そして背中は、服を着ていても見栄えが違います。

股関節が固い場合、ストレッチを地道にやるのが一番効果があります。それと同じで肩甲骨が寄らないのなら、肩甲骨の間を収縮させることを地道にやって行くのが一番。必ず、また収縮して動くようになるでしょう。

リバースプッシュアップ

Tシャツ姿がキマる二の腕へ

URL : https://youtu.be/AgGJpmCWHMA

上腕三頭筋の太さを自体重でつくるためのエクササイズ

その運動、ちゃんと効いてますか？三頭筋に

Tシャツの袖から覗く太い腕に、周りは意外と見入ってくるもの

手は広げず、お尻の真横に狭く置く。離すと負荷が広背筋に分散してしまう

頻度は？
10回で限界になるような正しいフォームで3セット、週2回

効果は？
3週間で腕の張りに違いが出る

リバースプッシュアップは体重が負荷になるエクササイズ

イスさえあれば簡単に上腕三頭筋を鍛えられる！

結構きついが、楽なやり方に逃げちゃダメだ！

タイトなTシャツなら鍛えた腕が自然と目立つ

　このトレーニングではイス（ベンチ）を使用します。しまう時に場所を取らない折りたたみ式のベンチでも5千円前後から買えるので、ぜひ購入を検討してみてください。

　リバースプッシュアップは自分の体重がズッシリ腕にかかるので、上腕三頭筋を太くする条件がすでに整っています。まずは腕の筋力を上げ、太さを作る。それと同時にTシャツは袖が短めの、袖口がタイトなものを選びましょう。袖を捲くりあげるとこれ見よがしですが、タイトなTシャツなら鍛えた腕が自然と目立つ。意図的に体を演出することも、筋トレには必要な要素なのです。

負荷を逃がさないためには
正しい姿勢が大事

序章　自宅筋トレでシュッとした体になりたい

第1章　まずはお腹をサイズダウン！

第2章　男らしい胸板と腕を作る！

第3章　肩、背中、お尻で見た目の印象は変わる！

第4章　こうすれば筋トレ効果は加速する！

第5章　筋トレ効果をムダにしない食事法！

重心が逃げると負荷が逃げる ＝効果が逃げる

✕

頭が
下がっている

✕ 腕にかけるべき体重が
足にかかっている

お尻がイスから
離れている

✕

負荷は上腕三頭筋から逃さない

肩が上がっていると、
見た目の半分しか
上腕三頭筋を使って
いない

上腕三頭筋に
負荷をかけないとダメ

重心を後ろに置けば、きっちりと効く！

　体を下ろした際に背中が丸まってしまうと、重心が前に逃げ、体がベンチから離れてしまいます。しかし、それでは肩関節だけの動きになり肘が曲がらず、結果、三頭筋の伸び縮み運動になりません。

　体を下ろす時には、息を吸いながら胸を持ち上げて重心を背中の後ろにかける。そして、お尻と腰をイスを擦りながら下ろす。すると、**前に体が出るのではなく、肘が後方に曲がって三頭筋に負荷をかけた動き**になり、メチャメチャ効いてきます。

☑ 肘だけが曲がり伸びる。他はいらない

　上下する動きを大きく見せようとしてはいけない。上腕三頭筋に負荷を
かけ続け、それを伸ばし、縮めることに集中する。そのために胴体の重心
を常に後ろにする。

　そうすると動きは小さいかもしれないが、それでOK。10回で限界が来
るように、できる限り上腕三頭筋に負荷をかけるほうがいい。それが腕を
太くするために必要なこと。

肩が上がらないように肘だけ
を曲げ、顔も上げたまま。

胸を持ち上げ、
出っ尻で腰を反らす。
運動中はこれを常に維持。

**正しい動きでやれば、
体をあまり深く下に下げる
必要はない！**

重心が後ろ
にあるまま
で、肘を下
に押して腕
を伸ばす。

お尻のすぐ横、
ギリギリ端に手を置く。

太くしたいなら、太くするための種目を選ぶこと

筋トレには同じ筋肉を鍛えるにも、「ガツンとしっかり負荷をかける種目」と「丁寧に集中して効かせる種目」があります。

リバースプッシュアップは、肘と肩の2つの関節が動くので前者です。三角筋の前の部分を少し使うのですが、その分パワーが出るので、腕で体重全部を支えて運動することができ、上腕三頭筋をガツンと使って太くしやすいのです。

ガツン系は多関節種目といい、2個以上の関節が関わる動きの運動で2個以上の筋肉を使うことになり、その分大きなパワーを発揮することができます。そのため、筋肉を太くすることを得意とします。

丁寧系は単節種目といい、1つの関節しか動きには関わらず、重いものは持ち上げられないですが、使うべき筋肉だけに効かせて引き締まった形を作ることに役立ちます。

まずは太くする。形を気にするのはその次にやろう！

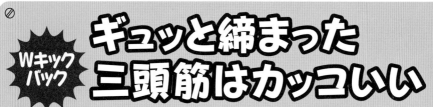

ギュッと締まった三頭筋はカッコいい

URL : https://youtu.be/KgehuOseL7s

軽めのダンベルでメリハリある腕をつくる！

ただ太いだけではゴリラ腕
＝カッコよくない

ギュッと引き締まったメリハリを作るための筋トレ

体を支える腕の上腕三頭筋この質感がカッコいい

ダンベルは垂直に立てる

上腕三頭筋で大切なのは「太さ」ではない
彫りの深い陰影こそが人目を引く！

頻度は？	効果は？
10回3セットを週2回	2ヶ月もすればキレと盛り上がりが出てくる

上腕二頭筋だけで満足してはいけない

　Wキックバックとは、両手それぞれにダンベルをもち、両手同時に上げ下げをするキックバックのことです。Wキックバックには重いダンベルは不要。3〜5kgと軽めのダンベルを持ち、**いかに上腕三頭筋をしっかり縮めるか、いかに上腕三頭筋が一番引き締まった時に負荷をかけることができるかが大切**です。

　上腕二頭筋だけが盛り上がっているのではなく、上腕三頭筋にもメリハリが付いている腕の方が間違いなくカッコいいでしょう。

　ぜひ、馬蹄形（馬のひづめの形）とも言われるクッキリとしたキレと盛り上がりを手に入れてください。

あいまいな動きは、あいまいな三頭筋しか作らない

序章 自宅筋トレでシュッとした体になりたい

第1章 まずはお腹をサイズダウン！

第2章 男らしい胸板と腕を作る！

第3章 肩、背中、お尻で見た目の印象は変わる！

第4章 こうすれば筋トレ効果は加速する！

第5章 筋トレ効果をムダにしない食事法！

背中が丸まると筋肉が収縮できない ✕

肘が下がると縮んだときの負荷も小さい ✕

収縮させ、そこで負荷をかけることが大切！

腕を振り回すように大きく動かしてはダメ ✕

下ろした時に前へ戻しすぎるのもダメ ✕

上腕三頭筋への負荷が無くなってしまう

むしろ上腕三頭筋に負荷がかかってしまう

動かしていいのは肘から先だけ！

　三頭筋は、肩から肘まで伸びています。だから肘を伸ばしても、背中が丸く肩側の端が逃げているとしっかり縮むことができません。

　Wキックバックは、肘を中心に上腕三頭筋を絞るためのトレーニングです。動きの中心は肘なので、その肘が動いてしまうと三頭筋以外の筋肉の運動になってしまいます。だから、肩、肘の2ヶ所は最後まで固定して、上げる時も下げる時もゆっくり行うようにしてください。

☑ 水平まで伸ばし切る、水平に固定する。そして、垂直まで下ろす

体、肘を動かさないことが大切だが、ゆっくり動かすことも効果に大きく影響する。特にトップでの収縮時がキツイこともあり、早く動かしすぎることが多いので、トップでは「イチ、ニ」と２カウント数える間止める感じでやったほうがいい。この時間が確実にあるほど、上腕三頭筋の彫りは深くなる。

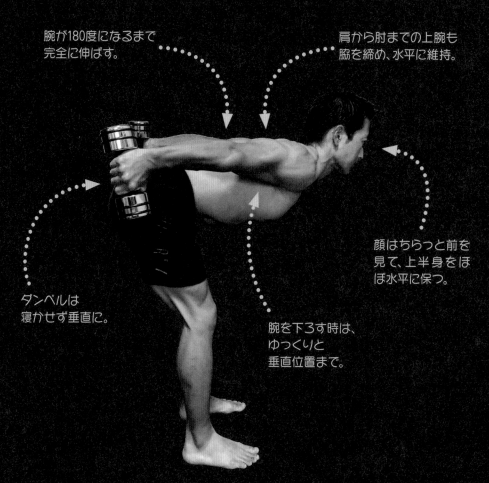

腕が180度になるまで完全に伸ばす。

肩から肘までの上腕も脇を締め、水平に維持。

ダンベルは寝かせず垂直に。

顔はちらっと前を見て、上半身をほぼ水平に保つ。

腕を下ろす時は、ゆっくりと垂直位置まで。

目的に合った
エクササイズを賢く選ぶ

W キックバックは単関節種目であり、丁寧に動かすことで引き締まった形を作ります。上腕三頭筋は肘の位置によって、その付け根側（肩に近いほう）が伸びたり縮んだりします。また、肘が胴体の位置にあると付け根は縮んでおり、肘が頭の方にある（腕を上げている状態）と付け根は伸びています（その中間もある）。

W キックバックは、胴体の横に肘があるので付け根がすでに収縮していて、さらに肘を伸ばすことで上腕三頭筋は完全に収縮します。そしてその位置で、最もダンベルの負荷がかかります。つまり、最も収縮した時に最も負荷がかかる運動であり、ギュッと縮んだキレと彫りを作るには最高のエクササイズなのです。

　腕の運動は、そこまで考えて選んでください。それが、賢いトレーニングのやり方です。

見せ筋＝力こぶの盛り上がりを高くする

URL : https://youtu.be/KbsvYKWY4K0

ありきたりな運動を変える2つのポイントとは？

頻度は？
10回で限界になるような正しいフォームで3セット、週2回

効果は？
3週間で腕の張りに違いが出る

犬いだけではただの獣 肘と二頭筋のギャップこそが決め手

ふとした瞬間の上腕二頭筋の盛り上がりは男の格を上げる

ゆっくり上げる

単なるダンベルの上げ下げではダメ

もっとゆっくり下げる

スマホを掴む腕の盛り上がりをわざと見せるのも有り

全体的にぶっといだけの腕とはわけが違う！

　上腕二頭筋をこれ見よがしのポージングで見せつけるのは嫌われますが、日常のさりげないシーンで見える力こぶは人の目を惹きつけます。ただし、それは決して太さの問題ではありません。全体的にぶっといだけの腕は、強そうには見えますがカッコよくはない。**肘の部分は太くないのに、そこからギュッと盛り上がった収縮感**こそが、他人を「おっ！」と思わせるのです。

　アームカールは、誰もがやっていると言ってもいいくらいメジャーな筋トレですが、単なるダンベルの上げ下げでは全く効果がありません。単純な動きのアームカールだからこそ、実はいくつかのコツがあるのです。

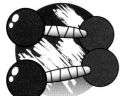

メジャーな筋トレだからこそ 間違ったやり方だらけ

ダンベルを上げすぎ。前腕が垂直になってしまっている

肘の上げすぎもダメ

重力は垂直方向だから前腕の角度が垂直だと、負荷はなくなる

ここから上げるのは腰の使いすぎ

腰でダンベルを上げると二頭筋は使わない

腰を使って重いダンベルを振り回しても無意味！

本物のカッコいい上腕二頭筋を手に入れたい！

　アームカールは、重いダンベルを上げている自分の姿を周りにアピールしやすい筋トレ。でもそれは、トレーニングをやっている時間だけのアピールに過ぎません。ですが、丁寧なアームカールで、本物のカッコいい上腕二頭筋を手に入れることができれば、24時間どこでも、これ見よがしにではなく自然にアピールすることができるでしょう。

　目先の小さな満足より、先にある大きな満足を手に入れてください！

序章　自宅筋トレでシュッとした体になりたい

第1章　まずはお腹をサイズダウン！

第2章　男らしい胸板と腕を作る！

第3章　肩、背中、お尻で見た目の印象は変わる！

第4章　こうすれば筋トレ効果は加速する！

第5章　筋トレ効果をムダにしない食事法！

☑ ダンベルは前にある。だから体は後ろに！

　ダンベルは常に体より前にある。それを考えれば、重心は少し後ろにして前後のバランスを保つべき。重心が通常のままだと、ダンベルを上げた時に上半身は仰け反った形になって、二頭筋が休憩する位置に入ってしまう。だから、後ろ重心を腹筋と腰の筋肉で固定するといいのだ。

　なお、初心者は5〜7kgのダンベルでOK！

上半身が前後しないように
固定すること。

前腕を上げるのは
下から4分の3く
らいまで。

息を吐きながら肘を曲げ、
吸いながら伸ばす。

肘は体より少し前
（出しすぎない）。

膝、もも、お尻は微妙
に後ろ側にズラす。

下半身の重心は
かかとに。

盛り上がりを作る 3つの小さなコツ

アームカールは、実は筋トレの中で最もインチキしやすい種目です。ダンベルを振り回すようにやれば上がったように見えますが、上腕二頭筋はほとんど収縮していないし、伸びてもいません。

そんなインチキ・アームカールにならず、二頭筋の盛り上がりを高くするための「3つの小さなコツ」をお教えしましょう。

①ダンベルを上げ、二頭筋が収縮した所（トップ）で2秒止める
②トップで手首を巻き込まないで、真っ直ぐに維持する
③トップでダンベルを水平にする（逆ハの字にならない）

この3つを確実に行うことで、上腕二頭筋は最大限に収縮し、強い負荷が乗った状態になります。この瞬間を作ることで、ギュッと高く盛り上がった力こぶを作ることができるのです。たった3つの小さなコツが、結果を大きく変えてくれます。

袖からのチラ見せが映える前腕の作り方

URL：https://youtu.be/mkkltb3uTcQ

家にあるものだけで、前腕を
太くカッコよくする！

前腕の
チラリズムは
男の美学だ！

つり革を捕まった時に露出する前腕も、

タオルをぐるぐる巻きにして太くしてる

日常的なトレーニング②
グリップを太くし
5分毎に左右持ち替え！

日常的なトレーニング①
重ねた本を1分間
全力で掴む！

日常で一番見られるのは
Yシャツの袖をまくった
時に露出する前腕

パッと見での「強そう」感に直結する部位

　「たくましい腕」の象徴は、何も二頭筋、三頭筋だけではありません。例えば、長袖のワイシャツの袖をめくった時、例えば電車のつり革に捕まっている時、問答無用で人目にさらすことになるのが前腕ですよね？

　前腕だけを鍛えるための筋トレをやってる人はあまりいないと思いますが、パッと見での「強そう」感を増したいのなら、ぜひ日常的に前腕を使う機会を増やして欲しい。ほんの**わずかな手間と負荷の積み重ねが、あなたの前腕の見た目をいつのまにか大きく変えてくれる**のです。

"太ければ" 前腕は鍛えられる！

例えばダンベルのグリップ部分は、握りやすいよう28ミリになっています。それは握力が疲れない太さなのです。あるいはビジネスバック。握る部分が、手が疲れないよう細くなっていますよね。

つまり逆に考えると、グリップが太いと手が疲れる＝握力を使う＝前腕が鍛えられるというわけです。

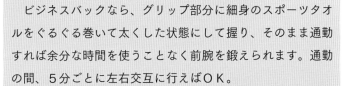

ビジネスバックなら、グリップ部分に細身のスポーツタオルをぐるぐる巻いて太くした状態にして握り、そのまま通勤すれば余分な時間を使うことなく前腕を鍛えられます。通勤の間、5分ごとに左右交互に行えばOK。

自宅で鍛えたいのなら、本を何冊も重ねて10cmくらいの厚さにして、それをガバっと掴みます。腕を下げて掴んだまま5分間。座ってテレビを見ててもOK。これを左右交互に2セットを週3回。

今は「マウスより重いものを持たない日もざら」な世の中ですから、やってる人とやってない人の差は格段に大きい。だからぜひ、ちょっとした前腕エクササイズの積み重ねで、あなたの印象を大きく変えてみてください。

OK！

肩、背中、お尻、で見た目の印象は変わる！

ダウンドッグプレス ジャケットが似合う広い肩幅を作る

URL：https://youtu.be/dSwRCpooKqg

ダンベルなしでも三角筋は鍛えることできる！

筋肉の肩パットがジャケット姿の格を上げる！

腰の角度をキープしたままで

筋肉のメリットは脱いだら凄い！着てもキマる！この両取り。

これがレベル1のダウンドッグプレスだ！

肩の三角筋を発達させて、天然の肩パットを仕上げよう

得られる効果は2つ
肩幅を広げる
肩の厚みを作る

※-頻度と効果は本文を参照してください

ダウンドッグプレスは3つのレベルをクリアして欲しい！

　ダウンドッグプレスは本書オリジナルのエクササイズ。ヨガのダウンドッグにダンベルで行うショルダープレスの要素を組み合わせた、肩の三角筋の運動です。そして先に言っておきますと、この筋トレには3つのレベルがあります。

　それぞれの頻度と最終的な効果は、次の通りです。

レベル1：上下10回3セットを週2回。そしてレベル2へ

レベル2：片腕交互に合計20回3セットを週2回。そしてレベル3へ

レベル3：上下＋片腕交互を合計10回3セットで1週間

　この3週間サイクルを繰り返す。2サイクル目が終わる6週間後には、肩の三角筋のポッコリとした盛り上がりと切れ目を確認できるようになるでしょう。

レベル1のダメな見本&理想形がこれだ!

腕から肩、上半身が一直線になってないと三角筋は収縮しない　✕

膝を曲げると下半身に重心が移り、肩に効かない　✕

✕　腕と足で床をしっかり押さないとダメ!

全身で三角形を作る、これが理想形

膝も完全に伸ばし、カカトを床方向に押す

肘を伸ばし、腕と上半身のラインが一直線!

三角形のまま、腕の曲げ伸ばしを繰り返す

レベル1からレベル2へ やはりキーとなるのは三角形フォームだ

　ダウンドッグプレスはカカトを床の方向に押しながら膝を伸ばさなければいけないので、体がかたい人は最初、膝裏やもも裏にハリを感じるかもしれません。ですが、それ自体がストレッチになるので、結果、体にとってメリットが大きいのです

　レベル1を理想的な三角形フォームのままこなせるようになったら、次はレベル2に進みます。レベル2は体ごとの上下運動ではなく、三角形フォームのまま片手ずつの上げ下げ運動です。

☑ レベル2のポイントは?

腕を突っ張り、体を後ろに押すように。最後に腕を頭上にしっかり押してギュッと三角筋を押し込む感覚が得られるまで押す。上げた腕ではなく押した腕を強く意識し、片腕でも肘が緩むことがないようまっすぐに。

これが
レベル2だ!

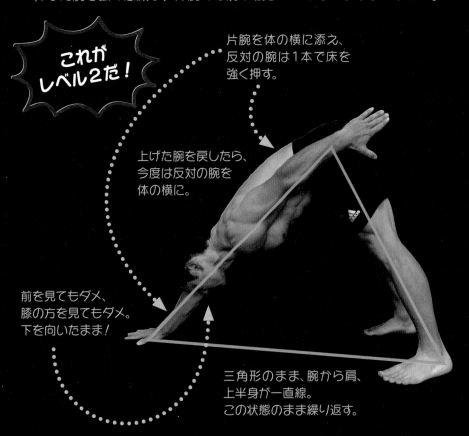

片腕を体の横に添え、
反対の腕は1本で床を
強く押す。

上げた腕を戻したら、
今度は反対の腕を
体の横に。

前を見てもダメ、
膝の方を見てもダメ。
下を向いたまま!

三角形のまま、腕から肩、
上半身が一直線。
この状態のまま繰り返す。

☑ レベル2の次は、いよいよ最後のレベル3

レベル3は「レベル1の上げ下げ一回→レベル2の腕後ろ上げを片手だけ→レベル1の上げ下げ一回→レベル2のもう片方の手の後ろ上げ」という繰り返し。リズミカルにやるのがコツだ。

なで肩を解消したい

デスクワークの人は、常に腕を前に垂らしているポーズで1日を過ごしています。それが10年、20年と経った時には、実は肩が子供の頃より落ちていることが多いのです。それが原因でなで肩になっていたり、筋トレしてないのに僧帽筋がモリっと盛り上がっていたり、肘を伸ばした腕が耳の真横で上がらなかったりします。当然、三角筋も退化しています。

　だから、負荷をかけて腕を真上に押す動作、つまり逆立ちをすることで問題を解消できるのですが、なぜか40歳を過ぎると逆立ちがほぼできなくなっている！

今から逆立ちができるようになるための努力をするよりも、ぜひダウンドッグプレスに取り組んでください。ダウンドッグプレスなら、女性もできるヨガのポーズを進化させただけなので、とりあえず誰でもすぐにできるようになるでしょう。

　毎日、重力に腕とともに引っ張られた肩のため、グイグイと押し上げる作業を週2回こなす。大したことないですよね。

サイドレイズ 肩と腕の境目をクッキリとカッコよくする

URL : https://youtu.be/ApQaHVnAn6g

「なで肩になってしまう」という中年の宿命を覆したい！

5kgのダンベルでも、十分に効く！

初心者は親指なしの4本指で握るように！

腕以外は動かさない お腹は後ろに引っ込める

肩の三角筋を玉のように丸く そして腕との境目をはっきりさせる

腹筋、大胸筋よりも更に上を行くモテ筋肉 それが三角筋だ

頻度は？
12〜15回を3セット、週2回

効果は？
8週間で肩の質感が変わってくる

腕との間にクッキリとキレがある肩が最高だ

軽いダンベルできっちりやる方が肩の形はかっこよくなる！

　サイドレイズは、ダンベルを持ってれば誰もがやるであろう一般的なエクササイズ。にも関わらず、「肩を使っている手応えがない」「僧帽筋の方に効いてる気がする」みたいな不満/不安が多いようです。

　初心者のうちは、サムレスグリップを親指なしの4本で握ってやってみてください。特に、小指と薬指を強く握る。そして、**上に上げようとするのではなく、横方向に押し広げていく感じで上げる。**このやり方だと、三角筋の中央辺りに効いていることが強く実感できるはずです。

　なお、重いダンベルを使う必要は全くありません。

男の凄さは見せなくていいから効かせろ！

序章 自宅筋トレでシュッとした体になりたい

第1章 まずはお腹をサイズダウン！

第2章 男らしい胸板と腕を作る！

第3章 肩、背中、お尻で見た目の印象は変わる！

第4章 こうすれば筋トレ効果は加速する！

第5章 筋トレ効果をムダにしない食事法！

腰と僧帽筋を使って上げていては、三角筋は変わらない

ガンガンやってる自分に陶酔するだけで終わってしまう・・・

運動するのは「肩」でないとダメ

ダンベルは上がっていても、肘が上がっていないと三角筋は収縮しない

妙な踊りに見えなくもない

「ダンベルを上げる」ではなく「三角筋に負荷を与え続ける」ことが大事！

キレのある三角筋を手に入れてほしい

　悲しいかな、男は何歳になっても「強い男」でありたいと願うもの。しかし、サイドレイズでガンガンダンベルを振り回すことで強い男を演出しても、誰にも何も響きません。もちろん、筋トレとしての効果も何もない。単に、「つまらない体の男」で終わってしまうことになるでしょう。

　サイドレイズは、重さではなく「正しいやり方できっちりと」が基本です。地味に効かせて、そしてキレのある三角筋を手に入れてください。

☑ 動きと呼吸を1つにする

　上げる時に肋骨を小さくするように締めながら息を吐く。下ろす時に息を吸う。肋骨を締めながら腕を上げると、三角筋はいっそう縮む。結果メリハリがつきやすい。

　間違えて呼吸を逆にすると肋骨が上がるので、三角筋は縮まず効果があまり出ない。呼吸と動きを合わせることが、効果を上げることになる。

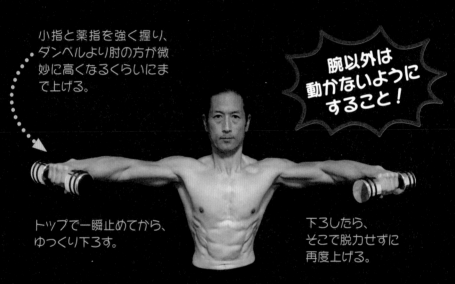

小指と薬指を強く握り、ダンベルより肘の方が微妙に高くなるくらいにまで上げる。

腕以外は
動かないように
すること！

トップで一瞬止めてから、ゆっくり下ろす。

下ろしたら、
そこで脱力せずに
再度上げる。

お尻、モモを
少し後ろに引き、
カカトに重心を置く。

肘が水平まで上がらない中年からの脱出

中年になると背中が丸まり肩が落ちますが、それを「中年の宿命」と諦めてはいけません。筋トレは、その重力の攻撃に抗うためにあるのです。サイドレイズも重力に対抗する強力な方法の一つ。しかし、ダンベルを持って肘を肩と同じくらいの高さまで上げるのは難しい人も多いでしょう

肘が水平近くまでなかなか上がらない人は、まずはダンベルなしで基本のフォームを取ってみましょう。ギュッという三角筋の収縮を感じたところで止め、10秒収縮し続けます。いったん下ろしたらすぐに同じように上げて再度10秒。10秒×3回。それを朝、昼、晩3回行う。30秒を1日3回。

これを毎日行うことで、ダンベルを持ったサイドレイズは早い段階で正しくできるようになり、肩と三頭筋の境目がクッキリとしたメリハリのある形を作りやすくなります。些細な努力が、体を大きく変えるのです。

スーパーマン

丸い背中をスッと伸びた背スジへ変える

URL : https://youtu.be/bHKwNMgIc50

モリモリ感なく代謝を上げる脊柱起立筋

凛々しい脊柱起立筋は隠れセクシー筋だ!

中年にとっては腕を上げるのが超キツイ

床に付いているのはお腹だけ

肘を完全に伸ばして腕が平行になる

膝をまっすぐ。足は開かない

腕を床から離す

腰から背中のど真ん中に一直線に伸びるミゾ。これがたまらなくいい。

参考までに前から見た様子

猫背を直し背筋を真っ直ぐにする!

　デスクワークを中心にやってると、どうしても「肩が下がってくる」「猫背になってくる」という現象が起こりがち。でもこれ、非常にカッコ悪いので、ぜひ対策してください。スーパーマンは、基本的には脊柱起立筋を収縮させるトレーニングです。脊柱起立筋は腰から背中の上の方まで、背骨の左右に走っています。そして脊柱起立筋が鍛えられれば、真ん中に溝ができます（貧弱なら背骨のほうが浮き出てしまう）。

　つまりスーパーマンという運動は、**脊柱起立筋を作るとともに、猫背を直して背スジを真っ直ぐにしてくれる**のです。

丸い背中をスッと伸びた背スジへ変える スーパーマン

腰だけでなく背中、肩の後ろも収縮したい！

これだと肩の後ろの筋肉が縮まないから全く効かない

腕が開きすぎている ✕

そもそも腕が上がっていない ✕✕

肘が曲がっている ✕

足が開いてしまっている ✕

たしかに腕は上がっている。しかし思いっきり頭が下がっている ✕

腰だけでなく首の付け根まで収縮したいのに・・・

腰だけではなく、背中も反らさないとダメ

　脊柱起立筋はいわゆる腰の部分だけでなく、ずっと上まで、首のところまで伸びています。だから、腰だけが反っても頭が下がっていては、上まで縮めていることにはなりません。

　肘を完全に前へ伸ばし、腕を平行にしながら、腕を床から完全に離す。頭は下げない。ちらっと前を見る感じ。腰も反る。背中の中央から首までも反る。これでようやく、脊柱起立筋が全部正しく収縮することになるのです。

序章 自宅筋トレでシュッとした体になりたい

第1章 まずはお腹をサイズダウン！

第2章 男らしい胸板と腕を作る！

第3章 肩、背中、お尻で見た目の印象は変わる！

第4章 こうすれば筋トレ効果は加速する！

第5章 筋トレ効果をムダにしない食事法！

☑ まさにスーパーマンが飛ぶように！

　足先から手先まで一直線に伸ばし、スーパーマンが風を切って飛ぶように鋭い形を作る。最初腕を上げる時に呼吸は一度吐き、その後通常通りにゆっくり吸い、ゆっくり吐く。止めない。30秒間一番高い所で維持する。

お尻が
キュッと締まる
感じになる！

膝をまっすぐにしたまま
足は閉じる。

足は上げず、
腕、胸、顔を上げる。

膝から下は
脱力状態でOK。

肘は曲げず、
真っ直ぐに伸ばす。

人間にとって
最も重要なのが腰

体の部位を表す漢字には、腕や肘、肺、肝臓、脛、肩、背中のように【月へん】が入っています。同じように、【腰】という漢字は月へんに【要かなめ】という文字がつきます。つまり、腰は人にとってものすごく重要な「体の部位」であるという意味なんです。だから、脊柱起立筋は人の動き全てに関与していて、そこの筋力が上がれば体のコントロールが効きやすく、体が軽く感じるというわけです。

　中年になると、体が重く感じますよね。それは、脊柱起立筋が弱っているから体の動きが上と下でチグハグだったり、まとまらないのが原因でもあります。

この部位の筋肉をつければ、モリモリ感を出すことなく代謝を上げることが可能。だから、ゴリゴリのマッチョではなくシャープな体を目指したい人でも、鍛えて全く損のない場所なのです。

　脊柱起立筋、非常に大事です！

複数のメリットがある万能エクササイズがこれだ！

男は黙って背中で語るもの

腰から背中全体まで満遍なく鍛えられた逞しい男の背中を手に入れたい！

頻度は？
ダンベル 10kg、10回 3 セットを週に 2 回

効果は？
4 週間でまず背中が引き締まり、それから逞しさを増してくる

家にあるダンベルは、せいぜい 10kg ならば、変形デッドリフトで背中の全てを鍛えよう

フォームをあえて崩してやる！

それでも脊柱起立筋にグッと効く！

猫背のまま
顔を上げずに下を見る
ダンベルを床に付ける

後ろ姿は思っている以上に見られている

　大胸筋ばかり気にする人は多いですが、実は後ろ姿もしっかり見られています。面と向かって見なければならない大胸筋よりも、こっそりと気兼ねなく見られる背中の方が第三者に見られるというのは自明の理。そんな**「背中」が逞しいか否かは、男の評価に関わってくる**でしょう。

　普通のデッドリフトは50kgくらいの重いバーベルを使ってやりますが、本書が推奨するのはその変形版。ジムでやるものとは少し異なる、**10kg程度のダンベルでも問題なく背中に効くオリジナルのデッドリフト**です。家でも脊柱起立筋を鍛えることは可能なのです！

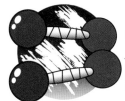

まずは一般的なデッドリフトのポイントを押さえておく！

この姿勢から胸を持ち上げ、お尻を後ろに引く

その際、腰と背中はできるだけ反りを維持する

同じ姿勢のまま、開始の姿勢に戻す。この繰り返し

立った時に反りすぎると、負荷が抜け休憩になる

注意！怪我の原因にもなるので注意が必要

やや前かがみで腰の反りを残すのが正解。垂直手前で止めないとダメ

オリジナルのデッドリフトをマスターするために

ジムで行う一般的なデッドリフトは、50kgくらいのかなり重いバーベルを使ってやります。対して、本書が推奨する変形版デッドリフトは「10kg程度のダンベルでもデッドリフトの最大の効果を出す」というものなので、**ダンベルの重さからフォームまで全く違う**（このやり方を重いダンベルでやったら逆にケガをする）。そんなオリジナルのエクササイズを正しくマスターしていただくためにも、まずは一般的なデッドリフトのポイントを理解しておいてください。

一

第1章 まずはお腹をサイズダウン！

第2章 男らしい胸板と腕を作る！

第3章 肩、背中、お尻で見た目の印象は変わる！

第4章 こうすれば筋トレ効果は加速する！

第5章 筋トレ効果をムダにしない食事法！

☑️ あえて崩して効かせるデッドリフト

　前に倒れる時、通常は反らせておくべき背中を、息を大きく吸いながら少し丸め、左右に大きく広げることで背中の筋肉を伸ばす。そして起き上がる時に息を吐き、頭・胸を高く持ち上げ、肩を後ろに寄せて背中を収縮する。

　通常のデッドリフトよりも運動範囲はかなり広がり、腰だけでなく背中の上半分の筋肉が逞しくなるだろう。

少し背中が丸まっても
問題なし。

お尻を引く。

普通のデッドリフトに
比べると崩れたフォー
ムだが、それで良い。

ダンベルが床に
つくくらいまで
前に倒れる。

息を吐きながら起き上
がり、肩を後ろに寄せて
背中を締めた状態を2
秒保つ。
そして再び前に倒れる。

万能エクササイズ・デッドリフト

デッドリフトは、筋トレの世界では基本的なエクササイズでありながら、上級者でも必ず行う種目です。それは誰にでも、たくさんの効果があるからです。

ちょっと挙げてみると…

・脊柱起立筋を鍛えて姿勢が良くなる

・巻き肩の改善

・かっこいい背中を作る

・腰が強くなって腰痛予防になる

・運動による消費カロリーが莫大

・運動時間以外の代謝が高くなり太りにくい体になる

・ホルモン分泌をかなり活発にする

・スポーツの動きで瞬発力が上がる

パッと思いつくだけでも、これだけあります。

デッドリフトが「絶対にやった方がいいエクササイズ」だということを、ご理解いただけかと思います。

アスリートのような お尻の盛り上がりを作る

ウォーキングランジ

URL : https://youtu.be/bnho5sJ_q7Y

脚はシャープに、そしてお尻はセクシーに！

やっている男はお尻に差が出る

ギュッと盛り上がったヒップ＝美尻は、男にも絶対に必要だ

片足ずつしゃがんで前に歩くだけ

ダンベルは左右に8kg程度から

| 頻度は？ |
| 20歩く。それを3セット、週2回 |

| 効果は？ |
| 2ヶ月で盛り上がりに違いが出る |

なお、自体重のみでやる時は、腰に手を当て歩けばOK

3〜4歩いたら折り返す。これを繰り返せば狭い部屋でもウォーキング可能！

「お尻」のカッコ良さを軽視する男は意外と多い

　バックランジのメリットは「畳一畳分のスペースがあればできる」という、まさに自宅筋トレ向きな点でした。そのバックランジのワンランク上の発展形が、ウォーキングランジです。**両者の最大の違いは「お尻」への効き。**お尻を下げる動作の時、バックランジよりもかなり大きな負荷がかかるのですが、この動作時の「お尻への効き」が大きいのです。さらに、エネルギー消費も大きな運動なので、**脚やお腹もシャープになる**というオマケ付き！

　適度に盛り上がった、キュッと上がった形の良いお尻の中年男性は、実は滅多にいません。だからこそ、お尻は鍛えて欲しい。ぜひ、男の美尻を手に入れてください。

縦のブレも横の揺れも耐えて垂直に！

つま先重心だと膝上の筋肉に強く負荷がかかってしまう

- 前かがみになる ✕
- 上膝が出る ✕
- かかとが浮く ✕

左右へのグラつきに耐えるにはお尻の筋肉が必要

- 頭を上げ前を向く
- お腹を固める

足の裏から頭まで、真っ直ぐ姿勢を維持するように踏ん張る！

Keyポイントは"前足のかかと"にあり！

　着地の時に前足のかかとを踏む。立ち上がる瞬間も前足のかかとを踏む。前足のかかとを踏むと、お尻の大殿筋に負荷がかかります。さらに、横のグラつきもかかとで押さえて踏んばれば、大殿筋の上にある中臀筋に効く。前足のかかとを踏むことで、お尻の筋肉を満遍なく鍛えることができるわけです。

　注意点は、前足の膝がつま先よりも前に出ないようにする、それと、前足の膝が内側に入らないようにする（真っ直ぐに前へ向ける）こと。なお、上半身は前に倒さず垂直姿勢をキープしてください。

☑ 6畳部屋でも問題なし！

　20歩も歩く場所がない？　大丈夫、6畳一間でも問題はない。4歩歩けるなら4歩でUターンして折り返し往復すればいい。2往復半で20歩。3歩しか歩けない部屋なら、3歩×6＝18歩を1セットにしてもいい。つまり、どんな部屋でも可能なエクササイズだ！

一度足を揃えて、
反対の足で前に進む。
これを繰り返す。

立ち上がる時も、
上半身は垂直に
持ち上げたまま。

膝はつま先より前
に出さない。

息を吸いながら
片足を前に出し、
かかとで着地。

後ろの膝は
床ギリギリまで落とす。

見た目も運動能力も手に入れる

ウォーキングランジは、見た目も運動能力もアップできる素晴らしいエクササイズです。ウォーキングランジでは、お尻だけでなく、モモ前、モモ裏の筋肉を同時に使っていきます。これだけ大きな筋肉を同時に使うので、お尻の筋肉の形を良くするだけでなく、消費カロリーも莫大なものになってきます。運動中は脚の血行がものすごく良くなり、脚が熱く感じることもあります。そんな使い方をしていくと脚の体脂肪も落ちやすく、シャープな脚を作ることができるのです。

最初は自体重で行ってもいいのですが、慣れたら8kgのダンベルを両手に持ってやってみてください。大殿筋への刺激が大きくなり、ハアハアいうくらいに心拍数が上がるレベルの方が消費カロリーは上がるので、脚はどんどんシャープに引き締まります。形の良い上がったお尻の下に続くシャープな脚。大胸筋や肩という上半身だけでなく、体の残り半分の下半身からもぜひ、おじさん臭さを払拭してください。

ジーンズ姿がキマる美尻を手に入れる

URL：https://youtu.be/T6ymlDLPDWU

1本足エクササイズだからこそ、お尻にガチッと効く！

形の良いお尻を作る究極のヒップトレーニング

頻度は？
片足ずつ10回を3セット
週2回

効果は？
2ヶ月でお尻の上がりを
実感できる

「片足」で「伸ばす」という動作は、大殿筋が最も変化を起こしやすい！

下ろす時は
顔は前、お尻は後ろ

ダンベルは片手8キロが
目安で、両手とも持つ

後ろに引く足を
左右変えて両方やる

引き締まりキュッと上がったお尻
男は軽視しがちだが、
だからこそ是が非でも手に入れたい！

男だからって、お尻の筋肉を放置してはいけない

　片足でやるデッドリフト、それがワンレッグデッドリフトです。要は「尻に効かせるためのデッドリフト」だと思ってください。実は男も、お尻に年齢が出ます。お尻はたくましい胸板、太い腕と同様に「躍動する男」をイメージさせるアイテム。しかし40歳を超えてくる頃には、**ボテっとはならないものの、小さく何の主張もないお尻**になってしまうでしょう。もちろん、そのままにしてはいけない。

　お尻の筋肉は大臀筋がメインです。大臀筋は、ただ普通に直立姿勢で立ってるだけでは何も使いません。でも、片足でやったときの体（骨盤）のグラグラを防ぐ時、あるいは前かがみ姿勢になった際に上体の重さを支える時、大臀筋に大きな負荷がかかってくれます。

力が抜けた踏ん張りでは
お尻に効かない

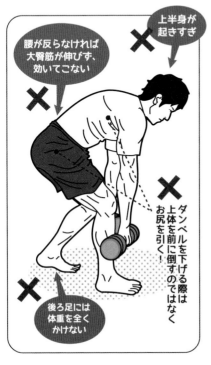

**腰が反らなければ
大臀筋が伸びず、
効いてこない** ✕

✕ **上半身が
起きすぎ**

**ダンベルを下げる際は
上体を前に倒すのではなく
お尻を引く!** ✕

✕ **後ろ足には
体重を全く
かけない**

**体がグラグラする
＝骨盤がグラグラする**

**顔が前を
向いているのは
良し!**

これを水平に保ってくれるのが大臀筋

✕ **膝が中に入ると、
大殿筋への負荷が
弱くなる**

足の裏をべったりとつけて床を強く踏みつける

　ワンレッグデッドリフトでは、前かがみにならず腰を反らす、体をグラつかせずにダンベルを下げるといった動作に意識を集中させがちですが、実は「立っている前足の踏ん張り」が大変重要です。つま先に重心をかけてはダメ、かといって「かかとだけに」ということでもない。**足の裏をべったりとつけて床を強く踏みつける**、この感覚です。その際、胸を前に突き出し、お尻は逆に後ろへ引く。この相反する動きを強く意識すれば、決して前かがみにはなりません。

序 章 自宅筋トレでシュッとした体になりたい

第1章 まずはお腹をサイズダウン!

第2章 男らしい胸板と腕を作る!

第3章 肩、背中、お尻で見た目の印象は変わる!

第4章 こうすれば筋トレ効果は加速する!

第5章 筋トレ効果をムダにしない食事法!

☑ 胸を前に、お尻を後ろに、水平の伸び

　腰を反った形にすると大殿筋が伸びてお尻をしっかり使える。前を見る、肋骨から胸を持ち上げる、そうしながら出っ尻を作るようお尻を引く。上下ではなく、むしろ胸を前に、お尻を後ろに水平に伸ばすように。このイメージを描きながら動くと、腰の反りは上手くいく。

腰の反りを作る。

息を吸いながら、顔を上げ前を見る。

膝は少し曲げ、お尻を後ろに突き出す。

重心は前の足だけにかける。

お尻とモモの裏に張りを感じたら、息を吐きながらゆっくりと起き上がる。

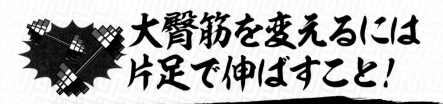

大臀筋を変えるには片足で伸ばすこと!

お　尻の大殿筋もウォーキングランジと同様、1本足で運動をしたほうが強く使われる筋肉。同じことを両足で行うデッドリフトは主に腰に効きますが、これを片足で行うと、お尻に一番効くのです。それは、片足というバランスの悪い状態を安定させるため、骨盤を水平に維持するためにお尻の筋肉で固める必要があるからです。

人　は通常、立っているとお尻の筋肉はほぼ収縮状態にあります。だから大臀筋を収縮させるのは得意なので、逆に伸ばすエクササイズをやると刺激が大きい。ゴムを引き伸ばすように負荷をかけながら筋肉を伸ばすと、筋肉は「やばい!」と感じ、結果、筋肉はつきやすくなります。

ワ　ンレッグデッドリフトは、この「片足」「伸ばす」という大臀筋にとって重要な要素が盛り込まれています。そのおかげですごい筋肉痛になりますが、確実に効きます。そして変わります!

アスリート風の引き締まった小顔に仕上げる

顔の引き締め

URL : https://youtu.be/zzUo8Bgnjgw

おやじ風ブルドッグ顔からの
脱却を目指せ！

筋トレの最後の方はいつもキツくなる。その瞬間を利用する！

美顔器

発声
あー
いー
うーえーおー…

フェイササイズもいいが
筋トレのついでに
引き締められれば最高だ

ギーッ

この全力表情が
頬の筋肉を
引き締めてくれる

中年になると
この輪郭線が
緩んでくる

こちらも

45度から見た際のこの鋭い
フェイスラインがぜひ欲しい！

太っていようがいまいが弛んでくるのが中年

　年齢とともに顔は弛んできます。頬が下がってきます。輪郭が崩れてきます。それを是が非でも何とかしたい。顔の弛みを軽減させるフェイササイズを積極的にやるのもいいでしょう。でもどうせなら、筋トレと一緒にやってしまいたいですよね？

　胸トレのとき、腹筋の時、背中トレのとき、あらゆる筋トレ種目で最後の方でキツく感じたときが小顔トレーニングのチャンス！ **キツい、と感じた時に「ギーッ」という顔を作る。** 持ってるダンベルが重いなら重そうな顔を目一杯する。

　これがまさに、小顔トレーニングそのものなのです。無表情でやってたら顔は引き締まりません！

表情豊かに、体脂肪を落とすとシャープ顔になる

　顔をシャープにするには２つのポイントがあります。１つは、体脂肪を減らすこと。体脂肪を落とさなければ頬の脂肪も落ちないのが道理です。頬の脂肪が増えれば、いずれ「弛んだブルドッグ顔」になる。これは絶対に避けたいですよね。だから、まずはバックランジなどで体脂肪を落とす必要があります。そして２つ目は、筋トレをやる時に必ず「キツくなったら全力で"ギーッ"という表情を作る。意識して、頬の筋肉を目一杯上げる表情を作る」とする。これです。

　筋肉が一番収縮した所を使うと、山は高くなります。目の周り、頬、口の周りの筋肉を全部引き上げるように「ギーッ」と収縮させる。フェイササイズでもこの手のものがありますが、これだけを一人、部屋でやっていると何となく寂しい気持ちになる。でも筋トレ中なら、自然な行為です。恥ずかしくありません！

　最大限収縮し引き上げることで、普段の表情もブルドッグの真逆、キュッと上がった顔になる。体脂肪と引き上げ。この２つの効果でオヤジ顔とはサヨウナラです。アスリートっぽい引き締まった顔を手に入れてください！

OK!

121

第4章

こうすれば筋トレ効果は加速する！

伸ばす・止める・縮める・止める、全てを無駄にしない

URL：https://youtu.be/-vB615tAMCg

上げる時に力を入れればいい、だけでは間違い

全ての動作で負荷を感じるように！

止める

伸ばす

縮める

止める

例えばアームカール

上げる時に力を入れ、
二頭筋を縮める
↓
上げた時に一瞬止め、
二頭筋は収縮を維持
↓
ゆっくり下ろしながら
二頭筋を伸ばす
↓
下ろした時に一瞬止め、
二頭筋で支える

4つ全ての動作で
負荷を与えれば
筋肉が早く作られる！

縮める時だけが本番ではない！

　腹筋でも、腕立て伏せでも、サイドレイズでも、全てのエクササイズには「伸ばす、止める、縮める、止める」という4つの動作が存在します。そして、いわゆる「効かせる」というのは、この4つの動作全てで筋肉に負荷を与え続けることを指すのです。

　全力で筋肉を縮める、そして伸ばす時は力を抜きホッと一息。ありがちなやり方ですが、これでは台無しです。

　セットが終わるまでは、全てのアクションで決して筋肉を休ませない。すると、筋肉はその後に強いリアクションを起こす。これを繰り返して行けば、筋肉は自然と付きやすくなります。

休ませず、成長ホルモン分泌を促す！

　上げるだけ上げて、あとはどうでもいいという意識の筋トレ。腕立て伏せやアームカールで上げる時のイメージだけ頭にあって、それ以外は考えてないので、すごく早く動かしてしまう。アームカールの場合、ダンベルを勢いよく上げて、すぐにサッと下ろすのは、その切り返しの瞬間ダンベルは無重力状態になります。つまり、二頭筋では何も支えておらず、負荷は全くかかっていないのです。

　逆に、前ページで話した4つの動作全てにおいて筋肉を休ませないで動かした場合、乳酸が溜まり、筋肉がパンパンに張る。その乳酸が脳の下垂体を刺激し、成長ホルモンの分泌を促す。成長ホルモンの分泌が多ければ、体内は筋肉を作りやすく、体脂肪を燃やし安い環境になります。

　単にスキなく筋肉を使っているだけではなく、体内環境まで変えることになる動き方で筋トレをした方が、間違いなく早いタイミングで体が変わります。「伸ばす、止める、縮める、止める」という動作は、全てのエクササイズに通じる大切な要素なのです。

ゆっくり下ろせば筋肉はもっと早く変わる

下3す コツ

URL : https://youtu.be/uz1s5KZtut0

同じ10回でも、10回以上の効果がある！

筋トレでは下ろす動作こそゆっくりやる

1, 2, 3…

ゆっくり　ゆっくり

レッグレイズも同じ。垂直にあげた両足をゆっくりと下げていく

使ってる筋肉を感じやすい

↓

筋肉痛になりやすい

↓

その筋肉を修復する

↓

筋肉が太くなりやすい

重力に抵抗しろ！

ゆっくり下ろすと筋トレ効果が上がる！

「1, 2, 3」とカウントしながら下3す

　筋トレでは「上げる動作」を重視している人が多いですが、実は「下ろす動作」にゆっくりと長い時間をかけたほうがいい。ゆっくり「1，2，3」（実質2秒間くらいの感覚）とカウントしながら下ろすと、目的とする筋肉にじっくり負荷をかけられるので効果が一気に上がります。**下ろす最中には絶対に息を吐かない。3カウントの間、息を吸い続ける。絶対に力を抜かない。** これがコツです。

　特に初心者の場合は上げる時、つまり筋肉が収縮する感覚を掴むのが非常に難しいので、このやり方のほうがわかりやすく効果も高く、筋肉が強く反応して付きやすいでしょう。下ろす際に筋肉が痛く感じるくらいに、意識を全集中させてください。

引き伸ばし効果で 筋繊維を太くする

ゆっくり下ろすと言っても、ただ下ろすだけではありません。まず上げた時に筋肉は収縮する。それを確認するように一瞬止めたら、その収縮した感覚を残しながら下ろしていく。つまり、自分ではまだ上げ続けている感覚を残しながらも、重力に対して「抵抗しながら」下ろしていくのです。

これを、3カウント数えながら行う。通常2〜3秒という時間をかけて下ろすと筋肉痛が強く、筋力が上がり、筋肉がつきやすくなると言われています。しかし「秒」という感覚は、特にキツい場面では早くなりがちなので、頭の中で「1,2,3」とカウント（実質2秒間くらい）すれば、「筋繊維の亀裂を修復し、以前より筋繊維を太くしようとする反応」が一番出やすい時間になります。

ほとんどのエクササイズでこのやり方は有効ですが、バックランジ、ウォーキングランジだけはゆっくり下ろすのは難しいので、それ以外のエクササイズで確実にやっていきましょう。間違いなく、同じ10回でも質の違う10回になります。

OK!

筋肉の動きと呼吸を1つにすれば効果UP!

呼吸のルール

URL : https://youtu.be/uvlksz0IPLE

上げる・下げるではなく、伸び縮みに合わせるのがコツ

体を上げる→筋肉が縮まる→息を吐く
体を下ろす→筋肉が伸びる→息を吸う

筋トレの呼吸タイミングにはルールがある

息を吐く フー
スー
息を吸う

息を吐く フー
息を吸う スー

呼吸のタイミングは筋肉の伸び縮みを基準にして決める それがルールです!

「吸う」と「吐く」が逆になるとパワーが出ない!

　筋トレの真髄は呼吸にあり、と言っても過言ではありません。例えばアームカール。ダンベルを上げる時に息を吐き、下ろす時に吸う。そんな「上げ下げ」基準で呼吸を意識する人が多いようですが、それは間違い。基準にすべきは、筋肉の「伸び縮み」なのです。**筋肉が縮むときに肺も縮んで息を吐く。筋肉が伸びるときに肺も伸びて膨らんで息を吸う。**筋トレの呼吸は、常にこのコンビで行ってください。

　ちなみに、呼吸を逆にしてしまうとパワーが出ません。ズレたり、1回の動きで何回も呼吸をしてしまっても、動きがチグハグ＆バラバラになってしまうでしょう。**筋肉の動きと呼吸を1つにする**ことが、筋トレの真髄なのです。

上げるとか下げるではなく、伸び縮みに呼吸を合わせる

　筋肉が伸びるときに息を吸い、縮むときに吐く。この呼吸が、筋トレの効果が上げてくれます。とはいえ、上げ下げどちらの動作が「筋肉が縮んでいる」という状態なのか、初心者にはすぐに判断できないでしょう。習うよりも慣れろということで、具体例をいくつかお見せします。

- ダンベルフライ：ダンベルを上げる→大胸筋の収縮→吐く
- バックランジ：しゃがむ→お尻・もも前・もも後ろは伸びる→吸う
- クランチ：上半身を上げて丸める→腹筋は収縮→吐く
- ワンレッグデッドリフト：前に倒れる→お尻は伸びる→吸う
- ベントオーバーロウ：ダンベルを引き上げる→肩甲骨の間は収縮→吐く

　ちなみに、吐くときには「ふぅー！」ではなく「はぁー！」と吐くほうが、早く空気が出て筋肉がスムーズに収縮します。
　呼吸と筋肉は同時に動かそう！

衰え対策

「無駄にキツイ」を無くす ための3つのポイント

URL : https://youtu.be/psYwjtmd-Ho

負荷に関係なく体にこたえて しまうのは何故なのか？

各種ストレッチ

腹筋やランジ系の運動

階段上りや早歩き

すぐに疲れる すぐゼェゼェする 年齢のせいなのか？

年齢による衰えに少しでも対抗するには？

はー…… はー……

① 心肺機能の衰え
② 体の連動性の低下
③ 体が固い

日常的なエクササイズの 積み重ねで対抗するしかない！

「体にこたえる」のは当たり前だが、その"程度"が問題

　そもそも筋トレはキツイものなのですが、無駄にキツく感じ過ぎてしまう人も多い。特に、**本書のメイン読者層である中年男性の皆さんには、その傾向が顕著です。**もちろん、負荷を増やせばそれだけキツく感じるのは当たり前。あるいは、やったことがないトレーニングに初めて取り組む時は、それなりにしんどい。でも、そこに関係なく「必要以上に体にこたえる」という場合、一体何が原因なのでしょうか？

　実は、次ページでお話しする3つの問題をクリアしておけば、意味不明なキツさを感じる場面は明らかに減少します。すると、鍛えるべき筋肉に意識を集中することができ効果も上がる。良いことづくめです。

重いからキツいのではない。原因はあなたの体

　重さ（負荷）以外にエクササイズをキツく感じさせる原因は、次の3つです。

　①心肺機能の衰え

　②体の連動性の低下

　③体が固い

①心肺機能の衰えに対抗する

　日常的に早歩きをしたり階段を使ったりして、心拍数が上がる時間をできるだけ増やすこと。

②体の連動性の低下に対抗する

　座る時間が長過ぎると、上半身と下半身を繋ぐ腹筋と腰が弱くなる。対抗するには、普段から腹筋やランジ系の運動を習慣づけておくこと。

③体の固さを何とかする

　柔軟性がないと、ベントオーバーロウなどでポジションを取ること自体が苦しく感じる。対抗するには、前屈、開脚、腰の反りを作るストレッチを毎日やるしかない！

OK!

スマホトレーニングでフォームを客観的に修正する

URL：https://youtu.be/6EnZVvYMYgU

やってるつもりでも、実は正しくできていない

「鏡を見ながら」だけでは、客観視しきれない！

　筋トレ歴が長い人でも、「正しいフォームで無駄な動きがない」という完成度でやれている人はなかなかいません。でも、それを自分で気づくのはかなり難しい。筋トレ動画を何度も見て、**鏡の前でフォームチェックもして完璧なやり方をしているつもりでも、実はそうなっていない**というケースが大半でしょう。自分が思っている動きと実際の動きが違っていることが多く、理想とのズレがあるのが当たり前だと思ってください。

　そこでオススメなのが、スマホでの動画撮影。**複数の角度から録画、第三者視点からの見直し**をすれば、そのズレは必ず修正できます。

スマホトレーニングで 差をつけろ！

　例えばバックランジ。正しくやってると思っていても、横にスマホを置いて録画してみると、思ったほど後ろ足の膝が下りていない。本当は床ギリギリまで下ろすのに、7㎝も空いていた。

　例えばダンベルベントオーバーロウ。横から録画して見ると肩甲骨、肩はほぼ動いてなく、肘とダンベルばかり上下してる。後ろから人に撮ってもらったら、肩甲骨は全然中に寄っていなかった。

　鏡の前でフォームチェックをやっている人でも、動画に撮って見てみると、理想的なやり方とは程遠いというケースが多々あります。これは、人が鏡を肉眼で見る場合には、必ず主観が入り、脳内補正が働くからです。つまり、実際以上に自分がうまくやってるように見えてしまうわけです。

　対して、スマホで撮った動画なら、カメラのレンズを通した客観的な映像なので、理想の動きとズレがあればハッキリとわかります。だから、たとえ「正面からの撮影だけ」であっても、鏡を見るよりも正確なチェックができるのです。

OK!

筋トレしてない時間を有効活用できるかどうか

休養が筋肉を強く、太く育ててくれる！

　筋トレは毎日やればいいってもんじゃない。やり過ぎは疲労が溜まり、逆に筋肉が落ちてしまうこともあります。筋肉をつけるには、トレーニング（筋肉にダメージを与えること）と休養がセットになるべき。**休養している間にダメージは回復し、筋肉は強く、太く育っていくのです。**

　キーとなるのは「インターバル」と「休養日」。この２つを適切に取れるかどうかで、筋トレの効果は大きく変わります。もちろん、**ダラダラと無意味な休息を頻繁に取るという意味でありません。**次ページを読んで、「インターバル」と「休養日」について正しく理解しておいてください。

セット間インターバルと休養日の考え方

・インターバル

　重い重量で死ぬほど追い込むなら、インターバルは5分必要かもしれない。でも、それはボディビルでの話。一般の人が引き締まった体を目指すなら、60-90秒で十分です。さっさと次のセットに移ってください。まだ少し心拍数が高いくらいで次々とセットを続けた方が、運動中のエネルギー消費は大きくなり、運動後に体脂肪も燃焼しやすくなります。

・休養日

　休養日については、部位ごとに考えます。同じ箇所は基本的に中2日空ける。負荷が高いトレーニングの後は、3-4日は空ける。そして十分回復した所で再度トレーニングを行えば、以前よりパワーが増し、筋線維が太くなりやすくなります。筋トレ中に筋肉が作られるのではなく、休養中に作られるのです。

　例外として、腹筋は反復運動に強く短時間で回復します。だから筋肉痛がなければ、特に座り仕事の人は毎日のようにやったほうが、強い腹筋を作ることができます。

序章　自宅筋トレでシュッとした体になりたい

第1章　まずはお腹をサイズダウン！

第2章　男らしい胸板と腕を作る！

第3章　肩、背中、お尻で見た目の印象は変わる！

第4章　こうすれば筋トレ効果は加速する！

第5章　筋トレ効果をムダにしない食事法！

自宅筋トレで集中するための3つのルーティーン

URL : https://youtu.be/a7ps71xlo14

「筋トレに集中できる自分になる」ための環境を作る

徹底して
集中できる
環境を作ろう

時計　時間を決めておく！

音楽　気分をハイにしてくれる音楽を！

テレビ

スイッチ　PC

スマホ

何者にも邪魔されない環境作りが大切だ

そのためには、

筋トレの結果を出すには、今日のメニューをちゃんと最後までやること

必ずやる、最後までやれる、そんな環境

トレーニング中に色んなことを考えて、そのために気が散るわ、ダラダラと休憩が長くなるわ。これ、最悪のパターンです。注意散漫になって下手に長く休んだり、他のことを考えながらバックランジをやったところで、何も効果は得られません。筋トレはエクササイズの種類やその方法論よりも、**まずやること、途中でやめないこと、最後まできっちりやること**が重要です。つまり、いかに「集中できる環境」を作り、いかに「集中できる自分」を作れるかが勝負。とはいえ、必ずやる、最後までやれる、そんな環境を自宅で実現させるには、どうしたらいいのでしょうか？

例えば、著者は次ページの「3つのルーティーン」を決め事としています。参考にしてみてください。

3つのルーティーンで流れに乗せる

①孤独な空間を作る

自分の部屋でテレビを消す。スマホも一切触らない。もちろん、一人っきり。誰にも邪魔されない孤独な空間に身を置けば、全く気が散りません。

②時間を決める

「時間が空いたらやる」というのでは、おそらくやらない。他の予定に押されて時間はなくなる。またはそういう理由を自分が作ってしまう。だから、例えば「筋トレは19時にやる」「晩ごはん前にやる」とハッキリ時間を決めてください。そして、その予定は絶対に崩さないこと！

③ノリのいい音楽を流す

自分の好きな曲や歌でいい。ノリのいいビートの効いた音楽を流しながらやろう。日本やアフリカの祭りの太鼓やユーロビートやロックのようなドラム音が効いた曲は、人をハイに、夢中にさせる効果があるそうです。それを利用して筋トレをやれば、やる気は勝手に出てきます。

OK!

序章 自宅筋トレでシュッとした体になりたい

第1章 まずはお腹をサイズダウン！

第2章 男らしい胸板と腕を作る！

第3章 肩、背中、お尻で見た目の印象は変わる！

第4章 こうすれば筋トレ効果は加速する！

第5章 筋トレ効果をムダにしない食事法！

筋トレ効果をムダにしない食事法！

正しくとれば筋肉が付く上に仕事の効率も上がる

URL : https://youtu.be/J6b7WGYQbhE

炭水化物を抜きすぎると逆に体脂肪が増えてしまう

炭水化物を摂ると大る？ちょっと待って欲しい

1日のトータル量摂取量を考えて摂ること！

| それ以外 | → | 控えめに |

| 筋トレ直後 | → | 炭水化物をきちんととる |
| 筋トレ2-3時間前 | → | |

時間が無い時は、おにぎりを2個くらい（＋プロテイン）でもOK

お米（玄米）

野菜

焼き魚

炭水化物を摂る→インスリンが分泌される→タンパク質が筋肉に運ばれる

だからバランスの良い食事でしっかり摂る！

炭水化物を敵にするか、味方にするか

　4,50代になると、太るのが怖くなりますよね。最近は「炭水化物をとると太る」と思われがちですが、必ずしもそうではありません。逆に炭水化物を抑えすぎると、そもそもの「筋肉のボリューム」がなくなります。男は多少なりとも、筋肉にボリュームがあるべきでしょう。お米、パン、麺類、果物、イモ類など炭水化物には色々な種類がありますが、決してどれも敵ではありません。代謝を上げて筋肉を付けるには、炭水化物は不可欠。そして**炭水化物をとると、タンパク質を筋肉に運んでくれるインスリンが分泌されます。**

　炭水化物を敵にするか味方にするか、それはあなた次第です！

炭水化物によるインスリンの分泌が筋肉を増やす

炭水化物をとらないとどうなるのか？　体は代謝を落として、体脂肪は燃焼しにくくなります。それを超えると、さらに省エネモードになり筋肉が減り始める。これではとても、カッコいい体にはなりません。筋肉がない、体脂肪を溜め込みやすい体になってしまうのです。

お米などの炭水化物を食べるとインスリンが分泌され、生きるエネルギーとして炭水化物（糖質）を肝臓や筋肉細胞に取り込み、さらにタンパク質の合成を促進するので筋肉が付きやすくなります。また、脳は糖質だけをエネルギーにするので、糖質がなければ頭はぼーっとして働かず、仕事は進まない。記憶力も低下すると言われています。

代謝を上げてカッコいい体になり、頭も冴えてバリバリ仕事をしたいなら、炭水化物を積極的にとったほうがいい。本当の敵は「食べ過ぎ」であり、必要だからこそ炭水化物はタンパク質、脂質と共に三大栄養素と言われるのです。

OK!

栄養素の配分は一瞬の見た目で決めていい

URL：https://youtu.be/ymZ5y1t3OmE

筋肉を付ける＆体脂肪を付けないための食事とは

素人が正確にカロリー計算するなんてムリ

ざっくりと見た目の大きさで判断してOKです

ご飯

肉・魚

野菜

代謝を上げながら体脂肪を減らすのが大事
そのためには

お米：肉魚：野菜＝1：1：1
この割合で食べる！

極端な炭水化物抜き
↓
筋肉中の水分が減る
↓
筋肉が分解される
↓
代謝が落ちる
↓
体脂肪を溜め込みやすい体質に
↓
リバウンド

これが最悪

お米1：肉魚1：野菜1

　筋肉を付けて体脂肪を付けないようにするためには、タンパク質（P）、脂質（F）、炭水化物（C）という三大栄養素のカロリー割合（PFCバランス）を考える必要があります。でも、これを毎食計算するのなんて普通の素人にはムリ。

　ある程度のバランスを整えるには、**大体の見た目（大きさ）で「お米：肉魚：野菜＝1：1：1」の割合で食べてしまってOK**です。実は意外と簡単に、ほぼ理想数値に近づきます。だからまずは、このバランスで始めてみてください（なお、野菜の「1」という分量は、キャベツとかレタスのようなふわふわしたものではなく、ブロッコリーのような「固まった容積」での見た目で考えること）。

「1：1：1」の素材の選び方

・**タンパク質**

　鶏胸肉（皮なし）、ササミ、または魚肉（鮭、サバ、マグロなど）を、一般的な量として体重70kgの場合、約150ｇの肉（ササミなら3本）。

・**炭水化物**

　それに対してパッと見で同じくらい、普通の茶碗に一杯分（180ｇ程度）のお米。

・**野菜**

　緑の野菜を中心に考える。レタスやキャベツの場合は隙間が多いのでササミの3倍くらいの大きさ。ギュッと詰まったブロッコリーの場合はササミと同じ大きさ。これに違う色の野菜、茶色いキノコ類や赤いトマトなどを適度に添えると、栄養のバランスも取れる（なお脂質については、魚を週に数回取ったり、目玉焼きや玉子かけご飯などを取り入れれば適量になる）。

　体重が多い場合は全体の量を少し増やし、動く量が多い人は炭水化物を少し増やすなど調整をしていきます。このように「1：1：1」の中身と量を決めていけば、体はグッとカッコよく引き締まるでしょう。

OK!

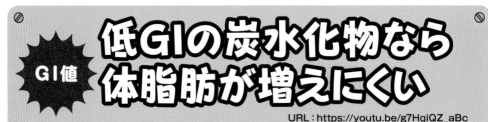

GI値

低GIの炭水化物なら体脂肪が増えにくい

URL : https://youtu.be/g7HqiQZ_aBc

血糖値が急に下がらないから疲れにくくなる！

太りにくい玄米を食べれば良いことづくし！

GI値とは？　低GIとは？

　GI値とは「グリセミックインデックス」の略で、食後の血糖値の上がり具合を示した数値です。血糖値は急激に上昇すると、インシュリン（インスリン）という血糖値を抑えるホルモンが膵臓から大量に分泌されます。インシュリンは肝臓や筋肉細胞に炭水化物（糖質）を取り込みますが、血糖値が急激に上がり、限度を超えるとどんどん体脂肪になっていきます。

　高GI値は血糖値を大きく上昇させ、低GI値はその逆。例えば、**白米のGI値はは84、食パンは85、玄米は55であり、玄米は多くの炭水化物の中でも低GIと言われています。**

　つまりもう、お米は玄米の一択だと言っていいかもしれません！

なぜ、低GIの炭水化物は体脂肪になりにくいのか？

お米＝炭水化物が胃腸から吸収されて糖質として血液中に取り込まれた時に、血糖値が急激に上がると、消費しきれない糖質は体脂肪に変換されます。しかし、低GIなら消化する速度が遅いため血糖値はゆっくりと上がり、体温維持や日常の動き、運動で消費する量を超えにくく、体脂肪になりにくいのです。

GI値の一般的な目安は、次のようになります。

高GI＝70以上、中GI＝56〜69、低GI＝55以下

パンやご飯は高GI値の分類で、グミやキャンディーなどのお菓子も高GI値。逆にGI値の低いのは、玄米やそば、フルーツなど。同じ米でも、白米→玄米にすれば低GI値にすることができるし、お菓子をフルーツにしたりと、色々な工夫が簡単にできるでしょう。

40歳を超えるとダルい日が増えてきます。そして、血糖値が最低値の状態と最高値の状態の差が大きければ大きいほど、体は疲れやすい。だから、低GIの炭水化物にして食事をとった後の「最高値」をできるだけ低く抑えて、最低値との差を少なくしてください。それが、加齢による「疲れやすさ」に対抗するためのコツです。

OK!

飲むとしたら筋トレの前と後、
どちらが良いのか

そもそもプロテインとは?

プロテインとは、日本語でタンパク質を表します。食品でいうと肉、魚、大豆製品、卵、乳製品などに含まれており、普段の食事から摂取できる栄養素です。プロテインには、大きく分けて**「ホエイプロテイン」「カゼインプロテイン」「ソイプロテイン」の3種類**があり、現在売れているプロテインのほとんどが、乳製品から精製されたホエイプロテインです。

ホエイは大豆など他の原材料のものと比べ、筋肉の主成分となる必須アミノ酸や分岐鎖アミノ酸BCAAを多く含み、筋肉の修復に効果が高く吸収が早いのが特徴。だから、**筋肉を付けたいならホエイプロテインがオススメ**なのです。

プロテインの賢い利用法

筋トレをやってプロテインを飲む。筋肉を付けたいなら何回でも飲む。筋肉はプロテインを欲しがっている。なぜなら筋肉を作る原材料であり、絶対に必要だから。肉よりも吸収が早く、筋肉細胞への到達が早く、そのほうが疲労回復に効果があるからです。

とはいえ、プロテインはあくまで「補助」です。食事を基本として足りない部分での補助、または弁当などが食べれない仕事場やジムでの利用、そして固形物と違って精製されているので早く体内に取り込みたい時に飲むといいでしょう。

仮に、筋トレ前の3時間内に肉・魚を含めた食事をとっていれば、筋トレ直後にプロテインをとるといい。筋トレ前の食事が5時間前になるなら、プロテインを筋トレ30分前に飲むと、トレーニング中の筋肉疲労による分解作用を避けることができます。要は、前の食事との兼ね合いで飲むタイミングが変わるということです。

ちなみに、食事と食事の間が5時間以上開く場合は間食としてとれば、余分なものを食べなくて済みます！

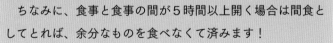

OK!

最大の効果を生む ベストタイミングはあるのか

筋トレと食事

URL：https://youtu.be/o1VPVMilFVA

筋トレをやる時間帯別で考えないとダメ！

生活パターンによってタイミングは変わる！

筋トレをやる時間帯別で考えないとダメ！

早朝トレの場合
ご飯食べてトレーニング？
トレーニングしてご飯？

起床 7:00 / 朝食 9:00 トレーニング 10:00 プロテイン オニギリ / 13:30 昼食 / プロテイン オニギリ 16:00 / 21:00 夕食 炭水化物控えめ

朝トレの場合
トレーニング プロテイン オニギリ 起床 6:00 6:30 / 朝食 / 昼食 12:00 / オニギリ 17:00 炭水化物控えめ / 夕食 19:00

夜トレの場合
トレーニング直後にプロテイン？

起床 7:00 / 朝食 / 昼食 12:00 / トレーニング プロテイン オニギリ 17:00 18:30 / 20:00 夕食

食事は1日3回が当然。小分けにして4回なら尚良し

炭水化物とプロテインをとるべきタイミングとは

　筋トレと栄養はセットになってこそ、その効果を発揮します。筋トレで動くためのエネルギーと、筋肉疲労による分解を防ぐためには、筋トレ2〜3時間前に炭水化物とタンパク質を含む食事をとるのが理想です。そして筋トレ後は、すぐに炭水化物（オニギリなど）とプロテインをとって栄養補給をしたほうが、回復が早く筋肉が付きやすい。これが基本のタイミングです。

　なお、**炭水化物が足りない状態で筋トレを行うと、ただただ筋肉が減っていくトレーニングになってしまいます。**だから必ず、トレーニングの数時間前にはとるようにしてください。

朝、昼、晩で食事のとり方は変わる

　トレーニングの時間帯により、食事とプロテインの順番が入れ替わる時もあります。

・**早朝トレーニングの場合**

　起床してすぐにプロテインとお米を少し。筋トレ後にお米、肉、野菜。起きてすぐにトレーニングなので、早く吸収するプロテインが先。

・**午後4時トレーニングの場合**

　12：30の昼ごはん。5時に筋トレが終わったらすぐにお米、プロテイン。午前中から夕方までは、この基本パターン。

・**夜7時トレーニングの場合**

　6時に会社を出る前にオニギリとプロテイン。筋トレ後の8時半に自宅でお米少なめ、肉、野菜。夜の食事でも、筋トレしたら回復のために炭水化物をとる

　このように、時間や場所などを考えてプロテインを利用します。前後で炭水化物をとるのが気になるかもしれないですが、体脂肪が気になる場合はそれ以外の食事の炭水化物を控えめにすることで体脂肪を減らせ、筋肉も付いてきます。自分の生活パターンに合わせて決めていきましょう。

序章　自宅筋トレでシュッとした体になりたい

第1章　まずはお腹をサイズダウン！

第2章　男らしい胸板と腕を作る！

第3章　肩、背中、お尻で、見た目の印象が変わる！

第4章　こうすれば筋トレ効果は加速する！

第5章　筋トレ効果をムダにしない食事法！

ダイエット中でも食べて代謝を上げる方法がある!

6W1H

URL : https://youtu.be/qAkOy23PIYI

食べる日と食べない日を決めるとストレスは溜まらない

好きなものを食べていい夢の一日なのか?

今日は食べていい日!

好きなものを食べる!

週1回だけなら問題ない!

食べることで代謝を上げてさらに痩せやすくする!

注:以下の条件を満たしていないとアウトです

☑ それ以外の週6日、ローカロリーで正しくバランスよく食べていること。

☑ 何をいくら食べてもOKではない。揚げ物、マーガリン、アルコール、糖質／脂質が多いものは食べ過ぎない。

6W1Hで、常に引き締まった体を維持し続ける

　筋肉を落とさずに体脂肪を落としていく、というミッションでトレーニングを続けていると、途中で停滞期が訪れます。順調だったのに、急に体脂肪が落ちなくなるのです。ずっとローカロリーの状態でトレーニングを続けていると、体が危機感を覚え意図的に代謝を抑える。だから、体脂肪が落ちなくなるというカラクリです。

　6W1Hとは、**6日間の「体脂肪をつけないダイエットの食事」(6 days Working on diet)と、1日何でも食べる日(1 Holiday)**の意味。週6日ローカロリーの食事の中、週1回「食べていい日(チートデイ)」を設けることで、代謝を上げて体脂肪を減らしやすい体を作るのです。

150

1H（チートデイ）でストレスなし 代謝を上げて気分も上げる!

　1H（チートデイ）を設定することには、いくつかのメリットがあります。

効果①　代謝を上げる

　ローカロリーな食事を数週間続けていると、体は生きていけないと感じて代謝を落とします。その結果、体脂肪も燃えにくくなります。そこで週に1回だけ、少しカロリー多めに食べてあげると、体は安心して代謝を元の高いレベルに戻します。

効果②　ストレスを溜めない

　週に1回好きに食べられるので、6日間のダイエット食でもストレスが溜まりません。食べることが代謝を上げてくれるので、食べてもストレスを感じません。さらに、ストレスを溜めないことで、体脂肪を減らしやすいホルモン分泌を促します。

　チートデイは好きなものを食べてもいい。とはいえ、そのままのバランスで量を増やすのが正しい在り方です。ピザを食べてもいいけど牛肉も食べましょう、ということですね。ただし、お酒は控えめに。揚げ物などの油やトランス脂肪酸をとっても、体にいいことはありません。

序章　自宅筋トレでシュッとした体になりたい

第1章　まずはお腹をサイズダウン!

第2章　男らしい胸板と腕を作る!

第3章　肩、背中、お尻で見た目の印象は変わる!

第4章　こうすれば筋トレ効果は加速する!

第5章　筋トレ効果をムダにしない食事法!

ズボラな男のダイエット自炊法とは

男の自炊

URL : https://youtu.be/iPquSCGMB54

手間を掛けない簡単レシピで体脂肪を減らす！

― 鶏胸肉バンバンジー風の作り方 ―

1. 皮を取り、切込みを入れる

火が通りやすいよう切れ目を入れる

2. お湯が沸騰したら弱火にして肉を入れる

10分かからないです

3. 肉が茹で上がったら、手で適当な大きさに裂く

4. ポン酢をかけ、お好みでキュウリやトマトを添える

美味い！

満腹メニューでも腹の体脂肪は減らせる！

【鮭を電子レンジで！】
URL : https://youtu.be/1lsRcL1WTIU

【鶏肉のピカタ】
URL : https://youtu.be/bl1vaqGyygI

空腹感を味わうことなくダイエット

　手間をかけないレシピでも、**体脂肪を減らすためのメニューを自炊する**のは意外とカンタンです。皮なしの鶏胸肉200ｇを使った「鶏胸肉バンバンジー風」もその１つ。茶碗に軽く１杯の玄米と共に食べれば、かなり満腹になる。でも、低脂質のタンパク質なので太る心配はありません。さらに言うと、炭水化物たっぷり！脂質たっぷり！なメニューで満腹になるのとでは、体内での使われ方が大きく違います。**満腹感を満喫しつつ、でも体脂肪はきっちりと落とす。**これが理想的な食事です。

自炊しないという選択肢はあり得ない！

　自炊を「めんどくさい」「時間がない」と思っていませんか？外食チェーンやコンビニ飯、スーパーのお惣菜は安価で手軽に食べられますが、体重や脂肪を増やす大量の油・砂糖・塩が想像以上に使われています。対して、自炊して低脂質のメニューを自分で作れば、体脂肪は簡単に減ります。

　自炊したとしても所要時間は10分程度。仮に、食事を適当にとってしまうと、ジョギングを60分やっても体脂肪はなかなか減らない。であれば、考えるまでもありません。自炊した方が明らかに時短であり、しかも満腹感があるのに体脂肪は減りやすいという最高のレシピも実現可能ときた。どちらが良いのかは明らかですよね。

　筋肉を付けて体脂肪を減らしたいなら、タンパク質のメインは低脂質の鶏胸肉か魚にしましょう。魚の脂質は良質であり健康にもいいので、鮭や鯖なんかがオススメ。それに加えて、茶碗一杯の玄米（低炭水化物）とサラダで「1：1：1」も実現できる。

　もはや、自炊しないという選択肢はあり得ません！

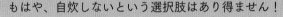

OK!

おわりに

人は大きく二つに分かれると思います。
一つは「すぐ始める人」、もう一つは「なかなか始めない人」。
これは誰でも、どちらでも選択できます。
社会的地位や経済力、身体能力にも関係なく選べるのです。
そして、選んだ結果で未来は変わる。
これから何十年もある人生。
今、体が変わるなら、その先に素晴らしいことが待っていると思います。
体が変わると、色んなことが変わります。
気持ち、コミュニケーション、会話、人間関係、活動範囲。
あらゆることが前向きに変わります。
体が変わるということは自己満足かもしれません。
でも、最初はそれでいいと思うのです。
それで自分が幸せになれる。そうなればまわりも幸せになる。
つまり体を変えるということは、ハッピーに生きる手段だと思うのです。
まだまだ諦めないでほしい。あなたの体は変われるのですから。
その選択権があなたにはある。とりあえず最初の1セットだけでいい。
選んだあなたを、私は応援しています。

著者紹介

ユウジ

本名：高橋祐爾

パーソナルトレーナー

1971年2月6日生まれ　筋トレ歴32年。

18歳の学生時代よりジムでトレーナーのアルバイトを始め、

トレーニング指導歴30年、パーソナルトレーナー歴21年。

「スポーツクラブ・ルネサンス」にて現在活動中。

オンラインや出張トレーニングも行う。

テレビや雑誌にも多く登場し、インターネットでダウンロード型のトレーニングプログラムも販売。

現在は、登録者数14万人の、40〜50代向け筋トレ系YouTubeチャンネル「sexyfitness」を運営、毎日更新している。

「バックランジ」動画は400万回再生超え。

カバーデザイン	坂本真一郎（クオルデザイン）
本文デザイン・DTP	有限会社 中央制作社
イラスト	高内彩夏 takauchi ayaka
	YASU

■注意

(1) 本書は著者が独自に調査した結果を出版したものです。

(2) 本書の一部または全部について、個人で使用する他は、著作権上、著者およびソシム株式会社の承諾を得ずに無断で複写／複製することは禁じられております。

(3) 本書の内容の運用によって、いかなる障害が生じても、ソシム株式会社、著者のいずれも責任を負いかねますのであらかじめご了承ください。

(4) 商標

本書に記載されている会社名、商品名などは一般に各社の商標または登録商標です。

はじめての男の自宅筋トレマニュアル
ゆるんだ体型をこっそり引き締めるための本

2021 年 5 月 6 日　初版第 1 刷発行
2021 年 5 月 14 日　初版第 3 刷発行

著者	セクシーフィットネス・ユウジ
発行人	片柳 秀夫
編集人	志水 宣晴
発行	ソシム株式会社
	https://www.socym.co.jp/
	〒 101-0064　東京都千代田区神田猿楽町 1-5-15 猿楽町 SS ビル 3F
	TEL：(03)5217-2400（代表）
	FAX：(03)5217-2420

| 印刷・製本 | 音羽印刷株式会社 |